JN120571

非ずのこころ

まえがき

人はみな、真人（己を真実になす人）になろうとして生きている。偽人（己を偽りになす人）になろうとして生きる者は、一人もいない。だれも、善人として認められることを願っても、悪人として嫌われることは願わない。自他共に善人として認められることを願いながら日々を努めている。たとえ社会的に悪人と思われている者であっても、そうである。悪人仲間の内では、やはり善人として認められることを願っている。人は本来、真人になるために生まれてきた者だからである。

されば、われわれの日々は、一々がそのための実行である。朝目覚めてより、夜眠るまで、行住坐臥におけるいっさいの思いや行為は、ただ本来の真人の確認である。人はだれも、真人の自己（善人）を確認したくて仕方ない。偽人の自己（悪人）を確認しようなどと思って生きる者は、どこにもいない。

古来、つねに「己とは何か」が問われてきたのも、この故である。

現代は「自分探しの旅」といって、世界中を放浪する者がある。これまた真人の自己を探しての旅である。なかには、宗教的な信仰心に真人を求めようとする者がある。また社会制度のなかに求めようとする者も多い。社会制度を政治的に正してゆけば、全人類が真人の自己を正しく確認しうる世の中が実現するように夢想する。だがそんな彼らも、自己の真人性と全人類の真人性とが一致しなければ、制度が正されたようには想わない。個々にみな真人の自己を願うことは、このようである。

しかし、それはまた、何と困難なことに思われてきたことだろうか。ドイツの詩人であり、また小説家であったヘルマンヘッセ（一八七七〜一九六二）は、著書『デミアン』のなかでいう。

「すべての人間の生活は、自己自身への道であり、一つの道の試みである。どんな人もかつて完全に彼自身ではなかった。しかし、めいめい自分自身になろうと努めている。……われわれすべてのものの出所、すなわち母は共通である。われわれはみんな同じ深淵から出ているのだ。みんな、その深みからの一つの試みとして、一投として、自己の目標に向かって努力している。われわれはたがいに理解することはできる。しかし、めいめいは自分自身しか説き明かすことができない」と。（高橋健二訳より）

ヘッセも人間が共通の真人を求めて努力していることを予感していた。しかし『デミアン』の巻頭には、「私は自分の中から出てこようとしてきたところのものを生きてみようと欲したに過ぎない。なぜそれがそんなに困難だったのか」と記す。真人の自己を見いだすことは、困難を極めることに思われていたのである。

すでに人類の歴史上では、二千年以上も前に、ソクラテス・孔子・イエスキリスト・釈迦という四聖人が出現して、個々が真人であることの証明がなされた。以後、彼ら四聖人の後を継ぐ者が無量に現れ、膨大な教説が遺されていった。それなのに、われわれは今に至るも、まだ真人の自己を確認し得ないでいるように見える。四聖人の真意を正しく伝える導師がいなかったためだろうか。否、そうではないと私は思う。

われわれがいつも、真人を自己の外に求めて、己の魂のうちに直に求めようとしてこなかったからだと思う。外に真人を求める者は、どんなに真人を得たように思っても、自己の真人と外の真人と二つに分けて見てしまう。善を知れば悪が嫌いになり、正しさを見れば不正が邪魔になる。貧しさに苦しむ者は富者が疎ましく、幸福を願う者は不幸が苦となり、好きな物を欲すれば、嫌いな物を捨てたくなる。外に真人の条件を求めれば、どうしても反対の偽人も意識されて、ついに真実心の落ち着くことがない。人類の今日までのいっさいの煩悶、苦悩、諍いは、すべてわれわれが真人を外に求めて、自己の真人と二つに分けて見たことに拠る。

だからこそ、われわれは今、一度は「非ずのこころ」に立ち戻って、二つに分かれる以前の自己を省みる必要がある。もし読者諸兄姉が、他人からの借りものではない、真実魂の底から出てくるところの自己を欲するなら、ともあれ、この拙書が些かの「道しるべ」にならんことを、願うものである。

令和三年　　無相庵にて

非我のこころ

題字・表紙・挿画　早坂宏香

もくじ

第一章
日本人の妙なる感性

「非」「不」「無」を使い分けている

「非」は「あらず」と読んで、正常ではない状態をいうときに使われてきた字である。一字だけで使われることは少なく、非行・非力・非情・非常のように、名詞や動詞の頭について熟語となって使われてきた。『新潮国語辞典』を見ると、二字熟語や三字熟語がたくさん出てくる。二字のものは、非愛・非我・非学・非興・非難・非分・非凡・非類・非道・非業・非命など、数えると二十以上ある。三字のものでは、非公開・非公式・非合法・非国民・非人情など。非常などは、さらに非常警戒・非常警報・非常手段などの四字熟語になって出る。コロナ禍のときは、全国に非常事態宣言が出されたのだった。

「非」と似たような意味の語では、別に「不」と「無」がある。どちらも現在の物や、その物の状態を否定する語である。だがわれわれは、同じ否定する意味でも、その時々の状況に応じて否定内容が微妙に異なるように感じて、無意識のうちにも「非」「無」「不」を使い分けてきた。このことは大変面白いことだと思う。よく考えて使い分けてきたのではない。他人と会話するとき、自然に時々の状況に応じた使い分けをしてきたのである。

たとえば、気分が悪いとき「不快だ（気分がよくない）」とはいうが、「非快だ（快不快の問題ではない）」とか「無快だ（快適がない）」とかはいわない。気分が不快な感じを、「非快」や「無快」といったのでは、いまの不快感と違う感じになってしまう。この不快感は、いつか心身の状況が正しい状態に戻れば、もとの快適になれる不快だと、どこかで知っているのである。永遠に「無快」で終わるものではない。また「非快」という感じでもない。その違いを心の内でよく納得していて、使っている「不快」である。

われわれはまた、「あの人は非情だ」ということがある。そんなときは、「あの人は不情だ」とも、「あの人は無情だ」ともいわない。もし「あの人は不情だ」といえば、あの人は他に対して何の思いやりの情も起こさない冷酷な者になる。「あの人は無情だ」といえば、木石のように初めから感情を起こすような心は具わっていない者になる。その違いがよく分かっているから、「不情」も「無情」も使わないのである。

「非情な者」とは、現実に対してつねに冷静沈着な判断を下す者である。目先の損得感情で判断しないから、時には不情な冷徹漢のように見做されることがある。だが後になってみると、その判断が、かえって多くの人を益することになっている。「あの人は非情な人だ」と批判される者は、多くがそんな風である。

われわれはだれでも、単語がもつ意味合いの微妙な違いをよく知っていて、日々自在に言葉を使ってきたのである。

「非情な世の中だ」というときも、われわれは、この世の中が「不情（感情ではかることができない世の中）」でも、「無情（人情がまったくない世の中）」でもないことを知っている。それで、「こんな非情な世の中でもおのれのことなど省みないで、人のために尽した人がいる」などという。だれでも存在自体のうちに、人の真情に通い合う心を具えてきたからである。

しかしわれわれは、日常では一般に「非」「不」「無」の意味合いの違いなど考えたことがない。それなのに、「非」「不」「無」という語の微妙な意味合いの違いを、状況に応じて瞬間に察しては、自在に使い分けている。どうして、そんなことができるのか。実はこの事実こそ、われわれの心に、だれもが妙不可思議なすばらしい働きを具えもってきた証（あかし）である。

私はここで、われわれの心の本来具わってきたすばらしい働きを、できるだけ明瞭に証明してみようと思っている。だれにも妙なる心の働きがある。その事実に気づかないことこそ、われわれが人生に生きがいを見失う一番の病因である。人はよく、自分の思いが他人に正しく通じないといっては、悩んだり苦しんだり責めたりする。しかし問題は、他人が我が思いを充分に察しないからではない。自分が自心のすばらしさを知らないことに拠るのである。

日本古来の感受性

「非」「不」「無」は古代シナの時代（およそ三千年以上も前）に作られた語である。それが飛鳥、奈良の時代、あるいはもっと古い時代に、日本に伝えられた。初めは書き言葉として音が中心になって使われたようである。古代日本の歌集『万葉集』をみると、たとえば有名な、

熟田津（にぎたつ）に船乗りせむと月待てば潮（しほ）もかなひぬ今は漕（こ）ぎ出（い）でな（巻一・八）

という歌は、「熟田津爾、船乗世武登、月待者、潮毛可奈比沼、今者許芸乞菜」と書

いている。

『万葉集』では初めの頃は多くの歌が、こんな風に書かれていた。後になるにしたがって、だんだんと本来の日本語の意味と漢語の意味をまじえて書くようになり、いつか両方を自在に使いこなす用法になっていった。

もっとも、漢語の音だけを利用するのは、今でも少しその習慣が残されている。たとえば明治以降、われわれはアメリカを「亜米利加」、フランスを「仏蘭西」、イギリスを「英吉利」、ドイツを「独逸」などと書いてきた。戦後は廃れたが、それでも、「日米」や「独仏」「米英」などという言い方は、まだ通用している。

とまれ古代の人たちは、徐々に漢語と日本語を上手にまじえゆくことで、感情をより微妙に言い表す言葉を作っていった。その知恵は現代では欧米語をカタカナにして使うことで発揮されている。パパ、ママ、シャツ、スカート、ズボン、テレビ、ラジオなどはもう、もとは外国語だったことも意識されないほど、ほとんど日本語感覚になって使われている。

「非」「不」「無」を使い分けている話に戻るが、われわれは今、「彼は今の政治を非難して止まないのだ」とか「私は今度の人事には不満だ」とか、「そんなに無理をいうものではない」とかいう。「不満」は満足していない心である。「無理」は道理の無いこと、ものの筋道の通らないことである。「彼は今の政治を非難して止まない」などは、現代でもよく使われる言いようである。そのときは、「政治を不難する」とも「政治を無難する」ともいわない。もとの漢語の意味で解すれば、「非難」は「難しいことに非ず」となる。だから「非難」といえば、「彼は今の政治に、何の困難もないといって止まない」という意味になるが、そういう意味ではない。「彼は今の政治の在り方が間違っているといって、批判して止まないのだ」という意味になる。

　では、われわれが政治への不満をいうとき、どうして「非難する」の意味を「何の困難なこともない」と読まないで、「非として、難じる」の意味に読んできたのだろうか。相手の欠点や過失を悪と見て、それが在ってはならないものとして、とがめ責める意味で使ってきたのである。

　漢語の「非」は「是」の反対語で、正しくないこと、違うこと、誹(そし)ることなどの意味がある。「難」は、難しい、苦しみ、恐れはばかる、仇、拒む、なじる、責めるなどの意味がある。そこで、「非」からは「正しくないことを誹る」の意を取り、「難」からは「なじる、責める」の意を取り、それを上から読んで、相手の不正を批判して、誹りなじり責める意味として使ってきた。もともとの意味は取らないで、日本人の感性に合う読み方に変えて使うようにした。

もっとも日本人が、外国語をこんな風に勝手に読み直して使うのは、漢語だけではない。たとえば現代でも、「モーニングサービス」とか「ランチサービス」とかいう。これは英語にはない表現で、英語ではserv breakfast、lunch specialsなどというそうだ。英語が使われるようになると、われわれはいつか、その意味だけを取って、日本語的に作り直して使うようになったのである。

なぜそのように、本来の外国語を読み直して使ってきたのか。外国語がもつ本来の用法よりも、日本古来の言葉に対する感受性の方を優先したのである。日本語には、結論を最初に述べてその後に理由を付け加えてゆくような用法は少ない。言葉を上から並べていって最後にその意味を結論する用法が中心である。そんな日本語用法の習慣が、外国語に対しても応用されてきたのだろうと思う。

主語はいわないで済ませてきた

日本人はむかしから、言葉の意味をはっきりと断言するよりも、むしろ曖昧なままにしてゆくことを、より大事にしてきた民族である。なぜなら、日本語は元々主語の意を明らかにしてゆくための言葉だったからである。会話するときは、おのずから互いの心のうちに、一つの主語が意識されている。そのように語られてきたものである。これに反して欧米や中国の言葉は、述語が中心になって語られてきたものである。最初に主語を明確にして、その後から主語の意を述べてゆく。だから会話することだけで、互いがおのずから共感してゆくということが難しい。いつも我の考えと彼の考えとの違いを主張し合わなければならない。一つの価値感のなかで和し合って、いつのまにかだれもが納得しているというようなことは、なかなか理解されない。

こういっても、何をいっているのか分からない人もあろうか。

たとえば日本人は、たまたま道で出会った二人が、「今年はいつまでも梅雨が終わりませんな」と言い、相手が「いや、まったくこう雨ばかり降られては、今年は思いやられます」と答えている。「いやまったく」「どうも、仕方ありませんが……」などと話し合っている言葉だけを聞いていると、知らない者は、いったい何の話をしているのかと思うだろう。主語を言わないまま話しているのに、お互いに話の内容が通じあっている。二人にとっては、わざわざ主語を言わなくとも、はじめから何が主語なのか、ちゃんと納得済みである。彼らはお百姓さんで、会話のなかで問題にされている主語は、今年の稲の出来具合なのである。

以前、どこかで読んだ話だが、フランスのテレビドラマを作っている監督が、日本の医者を主人公にしたドラマを観て、感想を述べていた。一日の仕事が終わって、主人公の医者を手伝っていた一人の若い女性看護師が、部屋の扉を開けて外に出ようとする刹那、ふと振り返って、小さく「好きです」と言って出て行った。フランス人がこれを観ると、この看護師は、いったい何が好きなのかが分からないという。看護師という仕事が好きなのか、仕事場の環境が好きなのか、あるいは机が好きなのか椅子が好きなのか、よく分からないと。無論、監督はまったく分からないから言ったのではないだろう。状況でそれが何のことかは分かっていても、言葉としては曖昧に過ぎると言っている。

しかし、われわれ日本人が観れば、だれでも看護師がこの医者のことを好きだと言っているのだと分かる。つねに主語を明確に言わねば、相手に真意が伝わらないというような言葉感覚が、日本人には少ない。言葉よりも先に、周囲の状況をよく察してゆく感覚の方が優先されてきたのである。だから今も、「雰囲気を察せよ」といわれる。主語を言わないでも、暗に主語の意をよく汲んで行動できる者は、優秀な知恵者のように思われている。

なぜ主語を明らかに示さないできたのか。一つの理由は、主語を露わにすると、かえって主語の持つ霊力が呼び起こされるように感じてきたからだと思う。霊力が善い力になって呼び起こされるならよいが、悪い力となって呼び起こされることは怖い。昔の人は、霊力が言葉にしたがって、災いが呼び起こされるかも知れないことを恐れた。特に主語となるような言葉には強い霊力があるように感じてきたから、できるだけ言わないで済ませてきた。聖徳太子の「十七条の憲法」にも、「和をもって貴しとなす」とある。たがいに話し合うことで問題を解決してゆくことを、大事に思ってきたのである。

もっとも、話し合いで解決することは、大変な胆力と深い知恵が要る。話し合いが大事という者は、ともすればその大変さを知らない。ところが、よく知らない者に限って、話し合いで解決ができないのは、誠意が足りないかのように批判するのである。

夜、混んだ電車の中で若い女性が、一人の酔っ払い男に絡まれていた。胸や尻をさわったり抱きついたりしようとする。女性は「止めてください」と何度も叫んでいるが、他の乗客はだれも我関せずで、そっぽを向いている。見かねた一人の若者が止めに入って「嫌がっているのだから、止めないか」というと、酔っ払いは「うるさい」と叫んで殴りかかってきた。若者は心得があるらしく、その拍子に男を蹴飛ばしたところ、ちょうどホームに着いてドアが開いたときで、男はホームの方へ蹴り出された。何とか起き上がって電車の中へ飛び込もうとすると、うまい具合にドアが閉まって電車が動き出した。男はホームに取り残されたままになって終わった。

若者が後に、そのことを大人たちに話すと、二、三の女性から「そんな乱暴なことをしないで、話し合いで解決できなかったのか」といわれた。若者は下手に仲裁すると、相手が刃物で斬りかかってくる者のあること知っていて、万が一の覚悟をして蹴飛ばしたのだという。

女性が困っているのに助けようとしないで、そっぽを向いていた多くの大人たちは、話し合う能力も蹴飛ばす技も持っていなかったから、ただ我が身に災いが及ばないことを願ってそっぽを向いていたのである。されば、話し合いをするにも、万が一相手が刃物で切りかかってきたときのことも想定して、そうならないよう、上手に説得する会話能力が必要となる。

むかし毎日新聞の記者は、暴走族が何十台ものバイクをふかして騒音を立てているのを注意して、殺された。ある僧侶も暴走族の喧嘩を仲裁にいって殺された。どちらも勇気がある人だった。だが勇気をもって話し合いにいったために、かえって殺されてしまった。彼らは話し合いで解決しようとして臨んだが、暴走族の方は聞く耳を持たなかった。ただ見ていた人々は、彼らのことを、上手に話し合う能力が足らなかったからだと、批判して済ますのだろうか。

一般人の話し合いでも、こんなに危ういことがある。まして国家間のこととなれば、話し合いだけでは解決できない複雑な問題が山ほどからまってくる。「話し合いで解決を」と叫んでいる人たちは、誠意をもって我慢強く対処してゆけば、必ず道は開けるのだという。だから私はそう主張する人たちに、是非みずから立って、見本を見せてもらいたいと願っている。激しく相手を批判する言葉を聞くことはあっても、みずから行動して見せることはないように思うからである。

心は自在に働くことが本性

日本人は、古来、真実は言うことも伝えることもできないことを、暗に予感してきた者だったと思う。真実だからこそ、人のどんな思いも及ばない霊力が秘められているようにも感じてきた。だから、真実に名前を与えて言葉にすれば、かえって知られざる霊力を侵すようにも思われた。思いを言葉にすることは慎重にして、できるだけ不吉な言葉は使わないように努めてきた。不吉な言葉を使うと、不吉な霊力が飛び出してきて災いをおこすように思われたからである。日々に良き言葉を使うように努めれば、おのずから良き霊力が及ぶようにも思われてきた。

この思いは今に至るも、日本人の心の習性として残されている。結婚式のときに祝辞を述べるときは、「去る」や「切れる」というような言葉を使ってはいけない。子供の受験の合格発表のときは、家族で「落ちる」という言葉は使わないように注意している。会社で新たな企画を興すときも、「もし失敗したら」というようなことは、公には言えない。だから戦争のときも、日本では「もし負けたら」ということは、心で思っていても口に出すことはできなかった。もしうっかり言って、「お前が負けたらなどといったから負けたのだ」と、非難されることを恐れたからだ。現在でも、大臣がつい「もし戦争になったら」などと言えば、すぐに更迭される。

　われわれ日本人は、それほど言葉に秘められた霊力を恐れ敬ってきた。もともとの始まりは、言葉だけではついに真情を尽くせない。うっかりそれを言葉で通じさせようとすると、かえって思わぬ災いを起こすことにある。だから今も、だれかが言葉の出し方を失敗すると、テレビの前で揃って頭を下げていたりする。

　私の故郷は岡山県北方の山間僻地にある。むかし戦国時代に、この地に山城があって、ある日、豪族の宇喜多家の家臣が、多数の兵隊を引きつれて訪ねて来たことがあった。宇喜多家に味方しろとの談判で来たものだった。山城の城主は、まずは御馳走してもてなそうと思い、家来たちに「うどんを打て」と命じた。ところが宇喜多家は当時、軍事力強大な領主で、みな呼ぶときは「宇殿（うどの）」と尊称していた。山城の家来たちは、日ごろ「宇殿」に攻められて滅ぼされることを恐れていたこともあって、「うどんを打て」の言葉を、城主が決意して「宇殿を打て」と命じたと聞いた。そこで一気に打ちかかっていったが、むろん完敗して全滅してまった。

言葉はそのときどきの状況のなかで使われるから、打たれるか打たれないかというような緊迫したなかで聞き違えると、大変な災いを招くことになる。日本人が言葉のうちに霊力が潜んでいるように感じてきたのも、このような経験がたくさんあったからだろう。

現代のマスコミが、大臣のささやかな言葉尻を捉えては、国家の重大問題のように喧伝して大騒ぎしているのも、案外古代からの感覚が抜けないでいるためかも知れない。

ほんとうは、言葉に特別な霊力が秘められているわけではない。われわれが言葉に知られざる霊力が宿されているように思って、その思いに縛られてきただけである。心はもともと、なにものにも縛られない、まったく自由に働いてきたものである。ただ、その自由に働いているところを、思いで捉(とら)えることができない。もしわれわれの個人的な思いで捉えることができるようなら、それは自由な心とはいえない。どんな思いにも支配されない自由な働きがあればこそ、どんな環境にも好(よ)きように対応してゆくことができている。そんな心のあることに気づかなければ、見えない言葉の霊力に支配されるように思って、不自由を免れないが、あることに気づけば、かえって生きることが日々に好日ということになってくる。

我が心を不自由に思うのは、おのれが勝手に不自由なものに思い込んでいるからである。心はもともと自由であることが本性だから、「朝泣いたカラスが早よ笑うた」という風に働いているばかり。朝辛いことがあって泣いた心も、夕方には別の楽しいことに出会って笑っていたりする。朝から晩まで、寸刻も辛い思いから免れないでいたということがない。日々に悩み苦しんでいる人でも、暑い夏の日に涼しい風に吹かれると、思わず悩み苦しみを忘れて、「涼しい」と感じている。

言葉では尽くせない真意がある

ある病院の看護師長は、仕事のなかで苦しいことや辛いことがあると、家に帰ってから、ひとり大声で身をよじりながら泣くのだという。誰もいないところで、心の底から泣いて、泣き尽くすと、翌朝には何事もなかったような顔をして、また病院に出かけるという。苦しみ悩みにとらわれて逃れられない者は、この看護師長のようにひとりで泣き尽くすことがない。だれかに苦しみ悩みごとを聞いてもらって、「あなたの気持ちはよく分かる」と言ってもらいたい甘えがある。だからいつまでたっても、悩み苦しみがなくならない。おのれで勝手に、我が心を不自由に縛っているからである。

真実の心は、どんなに他人に訴えても、伝えられない。真実の思いを言葉に出せば、出すたびに真実の思いから遠ざかる。真実と思いが別々になって、不自由なままで終わる。実に言葉とは、そういう性質のものである。だから古来、日本の知識人たちは無意識のうちにも、言葉では伝えられないところの真意を、何とか言葉にして、暗に人々の心のうちで予感させようとしてきた。俳句や短歌が今も隆盛なのは、この故である。われわれの心に、言葉だけでは言い尽くせない真意のあることを、本心のところではちゃんと予感してきたからである。

あるときは「非」を使い、あるときは「不」を使い、あるときは「無」を使ってきたのも、何とか思いのうちに秘められた真意を予感させようとの工夫に拠るものだろう。是でも否でも正でも不正でも、幸でも不幸でも善でも悪でもないものが、だれの心にもある。

右か左かどちらか一方に決定できれば、だれも悩まなくて済むのかも知れない。だが、そう簡単に済ますことができない。むしろ右でも左でも「非ず」で、どちらとも決定できないから迷うことになっている。それを敢えて一方に決定すると、かえって問題が複雑になって収まらないことになる。われわれがはっきりと決断できなくて、何となく曖昧にしておきたいときは、「非ず」の方に真意があるように予感されているのである。

非思量ということ

「非ず」は、禅者にとっては要(かなめ)の語でもある。

シナは唐のむかし、薬山惟儼(やくさんいがん)禅師（七五〇〜八三四）という有名な和尚がいた。あるとき坐禅していると、一人の僧が問うた。「兀々(ごつごつ)地に何を思量しているのか」と。不動で聳(そび)えている高山のように坐っておられるが、いったいそのとき何を思い量(はか)っているのかと訊いたのである。

坐禅は座蒲団上に脚を組んで、真っすぐに背筋を立て、口は閉じ、眼は一メートル前方に視線を落としたくらいの半眼になって、ただ黙々と坐る。一時間二時間は平気でそんな風にして坐っているが、ときには終日坐禅したままで一週間も過ごすことがある。読経と食事のとき以外はひたすら坐禅して、寝るときも横にならないで坐禅したままでいる。外から見れば、まるで高い山が聳えているような不動の姿に見える。それで「いったい坐禅して、何を思ったり究明したりしているのか」と訊いたのである。

すると薬山禅師は、「ひとつの不思量なものを思量している」と答えた。「一個の思いはかることができないものがあってな、そのものを思いはかっているのだよ」と。僧はさらに訊かざるを得なかった。「不思量なものを、どうして思量できるのか」。心に何も思いはかるものがないなら、どうしてそんな心を思いはかることができるのかと。まことに当然の疑問であろう。

禅師は即座に、「非思量なのだ」と答えた。思いはかるものには非ずと。思ったり計らったり究めたり明らめたりするようなものではない。どんな分別にも計らいにも、まったく拘わらない坐禅をしているのだといった。これはどういう坐禅だろうか。いったいそんな坐禅ができるものだろうか。ところが非思量の坐禅こそは、真に悟った者の坐禅であった。なぜなら、事物がこの世に現れている真実の相（在りよう）に、瞬間にも背かない坐禅だったからである。

しかし、一般に参禅する者の話を聞いていると、そうではない。大半は事物の真実相に背いた坐禅ばかりをなしてきたように見える。長く坐禅してきた者にかぎって、一般大衆の迷い心とは別の、高い境地を悟ったようにいうからである。

在家の者で、長いあいだ坐禅修行して、師から悟りを得たことを証明する印可状をもらった者がいた。彼は会社勤めをしていたが、見ていると「自分は他人とは違う境地の者だ」という風で、いつも会社仲間と心から解け合うことがない。彼がどうしてそうなのかと思って仲間に訊くと、みな「坐禅して悟った人だそうです」と言う。そこで私は彼のところに行って訊いた。「みんなとは合わないようですね」と。彼は「まあそうです」と答えた。自分は特別な悟りを得た者だから、修行したことがない一般人と合わないのは、「当然のこと」と思っているようだった。

もしこんな境地が禅を悟ったものなら、これは世の中に現れているいっさいの事物の真実相とは無縁の悟りである。悟れば悟るほど、世の中の人々とも事物ともまったく無縁になってゆく悟りである。真実のことは、だれが聞いても真実だとうなずかれるものである。たとえ馬に訊いても牛に訊いても、犬や猫や植物や、山や川に訊いても、もしそれらが言葉で答えることができるなら、必ず「真実はその通りだ」と答える。そのような悟りでなくてはならない。

だから薬山禅師も「非思量」と答えたのである。なにかを思い計らっているものではない。だからといって、何も思い計らうものがない、まったくの「空っぽ」ということでもない。思い計らったものなら、人間だけの思いに限定されたもので、全存在に通用する自由な心ではない。何もない「空っぽ」というなら、どうして何もないところから、いっさいの存在が新たに生まれてくるのか、そのわけが知れない。無いのでも有るのでもない。ただ「非ず」というほかないものが、無限に働いている。「非ず」が働いていなくては、この世のいっさいは生ずることも滅することもできないのである。

この「非ず」は、天秤の左右の重みを調える、中心の支点のようなものと考えてもよい。天秤の支点はまったく動かないものだが、皿に物を乗せるたびに、左右の重さの違いにしたがって、右を上げたり左を上げたり、右に下げたり左に下げたりする。この支点は動かなくても、重さ次第で自在に左右の均衡を保つ働きをなしている。この支点の本性は、実に右にも「非ず」左にも「非ず」である。

右に執することもなく、左に執することもない。左右の重さにしたがって、無心に均衡を保ってゆく。一見すれば主体性がなくて、あたかも奴隷のように他に従っているばかりのようだが、従っていると思うような執着もない。それ故に真に自由な境地を見せている。「非ず」は、だれの存在するところにも具わってきた働きだから、われわれは内心ではいつも、真実自由な境地のあることを予感しながら、日々を生きてきたのである。

第二章

他と比べて自己確認している

雑念妄想が憂いのもと

おのれの人生はなかなか思い通りに生きた感じがしない。みんなと同じように普通に生きてきたつもりでも、振り返れば、何かすっきりとしない思いが心に残ってしまう。心底から充実して生きたという実感がない。現代日本人でそんな風に感じている者は多い。昔と比べればずいぶんと自由で豊かな暮しができるようになったが、それで個々の人生も充実してきたかといえば、なかなかそうはいえない思いがある。

民主主義が発達して、社会的な環境の良さは昔の比ではない。だれもが個々の自由や平等、生きる権利を主張できるようにもなってきた。そういわれてきたが、では我が内なる心の自由や平等はどうかと省みれば、何かどこかに充分に足りていない思いがある。それで、我が人生の不足は住んでいる環境が悪いからだと、親や学校や政治の所為にしてみる。だが、それだけが問題ではないことも、内心では気づかされている。ほんとうはおのれの心の在りかたに問題があることを知っているのである。

物質的にもっと豊かになれば、我が心も充実するように思う者がいる。だが他人より貧しく、生活に不自由なことがあっても、かえって創造的に生きられることを楽しんでいる者がある。また人の羨む大豪邸に住んでいて、何の不自由もなく暮らしているのに、ただ生き甲斐（生きる意味）を見失っているばかりに、日々死ぬことばかり思っている。そんな者もある。多額の借金を抱えこんで行き詰り、死ぬほかないように考えている者もある。そのほか、重い病気にかかっている者、恋路に破綻して絶望している者、よく分からない心の迷い苦しみに堪えられない者などなど。実際の人の心中はさまざまで、外から見ただけではだれも知れないのである。

禅に、「君看るや双眼の色、語らざれば愁い無きに似たり」という言葉がある。君は私の両目の色を見たことがあるだろうか。人には何も話したことがないから、心配事や苦しみなど何もない者のように見えるだろうが、心の底ではいつも深い悲しみのなかにあるのだよと。むろん、どうしたら人々の悩み苦しみを除くことができるだろうかとの思いにかられての悲しみ愁いである。むかしのすぐれた禅僧のなかには、そんな愁いを抱いて日々を生きる者があった。今の人々からすれば、奇特な坊さんがあったものだと、驚くばかりであろう。

他人と同じに生きているように見えても、内心の本音はみな違う。ほんとうはだれも、心底から納得される安心がなければ、真に充実して生きた気がしないのである。禅僧がいうように、内心の本音には、みな愁い心が隠されているからである。

なぜだろうか。なぜ愁い心が晴れないでいるのだろうか。実は、われわれが日々に雑念妄想する心から離れられないでいるからである。

雑念妄想とは、心に生じるさまざまな思いをいう。日々にとりとめない思いがわいては消え、消えてはわいて止まないでいる。それが心を楽しくさせてくれるならよいが、ともすれば悪くする。憎い愛しい、惜しい欲しい、損だ得だの思いに左右され、いつも妄(みだら)な想いに追われている。いま別になくてもよいような思いまでわいてきて、少しも心が落ちつかない。それで過ぎてしまった過去のことや、まだ起こっていない未来のことまでが気になって仕方ない。

おのれの心を静かにふり返ってみれば、いつも自分をごまかして、嘘ばかりついてきたように思う。するともう、どうやって生きてよいかも分からなくなって、心は虚無(生きる拠りどころをまったく失った状態)に落ち込んでいる。そんな者もある。

これらはみな、心が雑念妄想していることに拠る。一つ事に夢中になることで純粋にされたり、正しい想いに支えられて真実になったりすることがないのである。何をやっても迷いや疑いが起こり、夜もよく眠れず、昼も何か鬱々とさせられている。心が雑念妄想ばかりに左右されていて、確かな主体性をもって生きたことがないからである。

なぜ雑念妄想するのか

『論語』に、「子曰く、朝に道を聞かば、夕に死すとも可なり」という語がある。古代中国の聖人と称される孔子が、「もし朝に己を真実にする正しい道を聞くことができたなら、もう夕べに死ぬようなことがあっても悔いはない」と言った。人生に確かな生き甲斐を感じて、生きることがそのまま真実になるような道がある。もしそんな道を手に入れることができたなら、私はもういつ死んでもよいと言ったのである。

だれにとっても真実で確かで正しくて、疑いや迷いや不安になる必要がない。そんな道がある。この道さえ悟れば、もう滑っても転んでも構わない。どんな悪い環境に落とされても、少しも不自由に思わない。どんなときも自由自在に生きてゆけるのである。

もしそんなすばらしい道があって、だれでもその道を悟ることができるなら、孔子でなくとも、「朝にそんな道を聞いたら、夕べに死んでも構わない」くらいは言ってみたいだろう。

しかし、われわれは孔子のような聖人ではない、ごくふつうの凡人である。どんなにすばらしい道があると聞かされても、凡人には無縁のように思ってしまう。なぜそんな風にあきらめてしまうのか。われわれ凡人には雑念妄想がありすぎて、とても純粋に道を求めてゆく資格はないように思っているからである。

大半の者は、凡人が聖人の道に至るはずはないと思っている。ところがその思いこそ、我々の大きな錯覚である。古来、聖人と呼ばれてきた人たちの言葉を、至心に読んでみれば、それが知られるのである。彼らはひとえに、凡人が聖人になる道を説いてきた者だったからである。

それならば、なぜ我々は日々に雑念妄想して、迷ったり苦しんだりしているのだろうか。なぜ、もっと簡単に聖人になれないのだろうか。

実際、人として生まれて、今まで雑念妄想しないで生きてきた者など、一人もいない。

ならば雑念妄想することは、むしろ人間にとって必要なことだったのではないか。あまりに迷ってきたから、心も疲れて、つい雑念妄想が無ければ安らぐように思っている。しかしわれわれは、今日まで雑念妄想することで生きてきたのである。生きることと雑念妄想することは、まるで友達同士のように一緒になって過ごしてきたのである。嫌って避けようとする前に、もっと大事にしてやる道もあったのではないかと、そう考えてみてもよいだろう。

生き残るために必要な能力

あらゆる生きとし生けるものは、この地球上に生きるために必要な能力は、初めから与えられてきた者である。否(いや)、能力が地球の環境に適さないときは、いつも滅んできたのである。だからいま地球上に残っているものは、みな能力のすべてを尽くして生き延びてきた者である。能力を中途半端に使ってきた者など、一個もなかったのである。

ただ地球の環境は、太古より厳しい変化をくり返してきたから、変化に充分に対応できない者は、必ず滅んでいった。滅ぶことも与えられた能力の一つだったからである。

しかしまた、厳しい変化に上手に対応して、どんな環境にあっても創造力を駆使して、自身の在りようを自在に変化させることで対応してきた者も多い。その能力も、初めから与えられた能力の一つだったからである。

われわれ人間も生きとし生ける者の一種として、同じように能力のすべてを尽くして生きてきた。むろん、時々の厳しい環境変化に、能力が及び得ないときは、すぐに滅んでいった。たとえば空気や水のないところや、火や水や極寒のなかでは、すぐに滅んだ。また食物がなかったり、大量に血が流れたり、猛毒や病原菌で身体が破壊されるときは、みな死滅するほかになかった。それでも人間は必死の工夫を尽くして、今日まで生き残ってきた。

この能力は、われわれの計らいを越えたものである。初めからだれにも与えられてきた実にすばらしい能力である。だから人間は今も、我が能力のうちで可能なかぎりは、どんな工夫も辞さないでいる。それはただ、ここに生き残るためである。また子孫を後世に絶やさないためである。われわれも、他の生き物たちも、ただ今ここに生き残るためだけに、全存在をかけてきた。それがこの地球上に生まれた者の、唯一の目的だったからである。

なかでも人間は、そのために他の生き物とは異なる能力を与えられてきた。思い計らう能力である。あれこれと考えては思い迷って雑念妄想してきたのも、環境の変化に応じるために必要だったからである。油断していては滅びるしかない環境があったから、さまざまに思い計らいながら工夫することは大事なことだった。

他の生物も厳しい環境に必死の対応をなしてきたことは同じだったが、人間のように考える力は与えられてこなかったから、ただ体験を記憶することで生き残ってきた。人間は体験したことを考える能力で創造力に代えて使った。だから雑念妄想する力はいよいよ発達していった。歴史を省みれば、われわれが生き残るために、古来、どんなに雑念妄想を膨大に巡らせてきたかは、はかりしれない。雑念妄想することこそは、われわれが必死の工夫の中で育んできた、一番の創造力のもとだったのである。

もっとも、この雑念妄想する能力は、自らが生き残るためだけに使ってきたものではない。他を滅ぼすためにも使ってきた。滅ぼす能力もまた、われわれに必要な力だったからである。世界のどこかで、今も戦争が止まないのは、あれは自分たちの身勝手な欲念だけで為されてきたものではない。自分たちが生き残るための必要から、他を殺さざるを得ないからであった。

人類の長い歴史のなかでは、多くの民族が互いに殺し殺され合ってきた。なかには他民族を皆殺しにしてきた民族もある。また反対に、自ら全滅することを選んできた民族もある。何百年ものあいだ、お互いの祖父母を殺し合い、父母を殺し合い、息子娘を殺し合ってきた人類である。だから、いつか多くの民族の心に、血の底まで染みついたような怨念が刻みこまれていった。

なぜそんな風に殺したり殺されたりしてきたのだろうか。我が民族を生き残らせるために、他民族を滅ぼさざるを得ない状況があったからである。他民族と戦って殺すことができる能力は、我が民族の親族兄弟、同族らの衣食住を安定させるために、大事な力だった。民族の生活が安定すると、人口が増えてゆくことは、今日と同じである。人口が増えれば、食糧も大量に必要となる。むかしから我が方に足りない分は、外から取ってくる他になかったから、民族内の男たちは共同して、他民族の分を奪いに出かけていった。

大自然は人間の計らいを寄せ付けない危険な世界で、日々の食糧のためには、みな命がけで働いてきた。むろん、我が方の食糧が不足するとき、他民族の食糧を奪うことは、当然の選択だった。しかし他民族も食糧を奪われては、我が民族を養われないから、戦って防ぐことになる。そのためにも、個々の戦闘能力はますます磨かれ、工夫されていったものである。上手に戦って負けないで帰ってくる能力こそ、我が民族を盛んにし、人々の生活を安定させていった。もし人間に初めから他を殺す能力が与えられてこなかったなら、われわれはどうなっていたか。むろん、この地球上では生き残れなかったのである。地球上に生まれたということは、そういう運命（業）を背負って生きることだった。

血の底まで染みついた習性

現代人は、「互いに話し合ってゆけば、世界から殺し合いをなくすことができる」という者がある。しかし長い歴史のなかでは、どんなに悪逆な殺人でも、自民族が生き残るためならば正当化されてきたのである。だから敵する民族に対する恐れや怨念は、もう血の底まで染みついている。話し合いだけで解決できるような、簡単な問題ではないのである。もし話し合いで解決したこともあったというなら、どちらか一方は大量に奪われ、一方には大量に与えられたのである。大量に与えられた方には強大な軍事力があり、奪われた方にはそれがなかったことが原因である。

もしそれでも話し合いで解決することを願うというなら、お互いの心に、血の底まで染みついた恐れや怨念を越えてゆく覚悟がなくてはならない。自他の怨念を越えて、心底から人間の真心を信じてゆく覚悟が要る。この覚悟がなくては、どちらの言葉が信用できるかというような比べ合いに終始して、結局は争いになって終わる。人々が争わないでも済むような世界を創造することは、とても難しいのである。人間がこの世に現れて以来、他と争うことでしか生きる力を得ないできたからである。

人間はまた、自分たちが生き残るために、動物を無量に殺してきた者である。もっとも今日のように、大衆が日々に肉を食べられるようになったのは、ごく最近のことである。長いあいだ大衆は、特別なお祭りのときか、病気のときにしか肉は食べられなかった。

現代のわれわれは、牛や豚や鶏を食べるために、人工的に養殖して増やし、毎日何百万頭も殺して食用に供している。現代人が動物を殺している量はあまりに膨大で、昔の人とは比べようもない。しかもこの事実を知る者は稀である。日々に肉類を食卓にのせながら、動物を殺しているという自覚を持つ者は、ほとんどいない。むろん、この事に罪悪感を持つ者などは、皆無に近い。それでいて、争いはだめだ、殺し合いは避けねばならないと、だれに聞いてもそう答える。食肉業者が殺したものを食べているだけだから、自分たちは殺すことには関係ないと思っているのである。

しかし日々に肉食していれば、気づかないうちに、われわれの心底に殺しの血が染みついてゆくとは思わないのだろうか。私は染みついてゆくのだと思っている。

あるキリスト教信者（イギリス人）に、訊ねたことがある。「どうしてあなた方は、磔（はりつけ）にされたキリスト像を拝むことができるのか。仏教徒は、おだやかな顔をした仏像には素直に手を合わせられるが、あの残酷な姿に手を合わせることは、なかなか躊躇させられますが」と。彼は、「われわれは古来、狩猟民族だったからです」と答えた。私はこの言葉を聞いて、大いに納得させられた。

肉食することも、人間が生き残るために与えられた能力内のことである。だから仏教僧も今は、たいていの者が好んで肉食する。中国や日本の僧侶は、むかしは肉食をしなかったものである。現代僧に理由を訊くと、「肉も野菜も命を殺して食べていることには変わりないから」と、自らを正当化して答える。現代の仏教僧で平和を叫んでいる者は多いが、私はほとんど信じられないでいる。心底に殺しの血が染みついているのではないかと、疑っているからである。

古来、人間の心底に、血の底まで染みついてきたような殺しの性（さが）がある。そのために動物だけではなく、われわれ人間同士も、お互いに億万の同胞を殺しあってきた。されば、もしこの世界から争い事をなくそうと願うなら、人間に与えられた能力内で答えを見いだしても、無益だろう。与えられた能力以外のところに道を見出してゆくほかにない。それはいったい、どんな道であろうか。

雑念妄想の上手な用い方

われわれの心は、気がつかないあいだにも、刻々雑念妄想の連続のなかにいる。ちょっと目に何かが映っても、すぐにそれに拘わった思いがさまざまにわきだしてくる。雑念妄想がわかないで、ただ今の一念だけで済んでいることはほとんどない。だから我々がおのれの真実心を知りたいと願うなら、まずはもっとも身近につきあってきた雑念妄想から入門するほかにない。それを、雑念妄想を離れたところに入門しようとするから、いつまで経っても我が真実の心に出会えないでいる。

そもそも雑念妄想しているのは、われわれ自身の心で、他人の心ではない。だから、われわれの心を離れて真実を求めようとすること自体が、見当外れなのである。もし雑念妄想が人の心を迷わせて、生きる力を弱くするだけなら、初めから与えられてきたはずはない。生きる力を強くし、おのれの人生をより正しくするために与えられてきたに違いないのである。よく省みれば、われわれは日々さまざまに思いを巡らせることで、人生を新たに為してきたのではないか。おのれの心がなかなか思い通りにならないから、雑念妄想はない方がよいように思うが、かえって雑念妄想を思い通りに使ってきたこともある。ただその方は気づかないでいるだけなのである。

実は、雑念妄想の善き使い方に気づかないでいるのは、危険なことである。切れ味鋭い包丁は、その機能と扱い方をよく知って使うから、美味しい料理を作ることができる。しかし使い方を誤れば、これほど危険なものはない。従来、包丁が人殺しにも使われてきたことは、数え切れないのである。雑念妄想も使い方を誤ると、そういう危険なものになってゆく。

人間が起こしてきた悲惨な犯罪は、すべて雑念妄想から起こされたものである。最近も、自分の投稿した作品が盗作されたと妄想して恨み、京都のアニメ会社にガソリンを撒いて、何十人も焼き殺した者がいた。雑念妄想こそは、人間に与えられた能力のなかでも、一番諸悪の本になってきたものである。

善き使い方を知らなかったばかりに、個人の人生だけではなく、人類の運命まで狂わせてきたことも多い。しかしまた、雑念妄想する能力があったからこそ、社会のために、多くの有用な発見や発明もなされてきたものである。

さればだれにあっても、この雑念妄想する能力の、善いことも悪いこともみな明らかにして、よく納得しておく必要があることは、緊急の大事である。ただ先にも述べたように、雑念妄想のなかで、雑念妄想の善し悪しを明らかにしようとしても、見誤る。雑念妄想する心の外にあって、その善し悪しの実際を明らかにしてゆかねばならない。

比べ合う能力

雑念妄想の本になっているのは、むろんわれわれの思いである。まずはこの思いについて調べてみよう。思いとは何か、なぜ思いは起こるのか、その理由(わけ)をよく知らねば、雑念妄想している意味も分からないだろう。

思いとは、人の心情が言葉になったものである。どんな心情も、言葉にならないあいだは、まだ思いとして自覚されない。言葉になって初めて、心に思いのあることが具体的に意識される。思いを言葉にする能力は、人間だけに与えられてきたものである。

　動物にも思いはあるだろうが、それを言葉に換えて伝える習性はない。植物にも何らかの感情があることは知られているが、言葉にする能力は与えられていない。動物や植物は、思いを言葉にしなくても、生きることに不足がないように与えられてきたからである。

　では、どうして人間だけは思いを言葉に換えて生きようとしてきたのか。

　始まりは、それまでは四つ足歩行だった者が、いつか二足歩行できるようになって、頭脳が急速に発達していったことに拠るのだと思う。また、声帯が多様な発音を可能にするような機能を具えていたことも、原因だったろう。それで、いつか雄叫びするだけでは済まなくなり、物に名前をつけ、それぞれの名前を使い分けて語るようになった。その方が、相手に思いを伝えやすいことに気づくと、言葉の並べ方や組み合わせ方も工夫されてゆき、いっそう巧妙に語られるようになった。やがて我が物と他の物とを比べて、その善し悪しをはかる知恵がはぐくまれていった。

人類が始まりのころ、外の世界と自己とは、まだ離れていなかった。自分と他とは一如のものとしてあり、おのれの延長がそのまま他の存在になっているように感じられていた。今でも生まれたばかりの物心つく以前の赤ん坊は、そのときと同じ状態であろう。だんだん知恵が発達するに従い、自他一如の把握が失われてゆくのも、今の子供たちと同じだったろう。いつか我が物と他の物と、別々に存在する物として捉えられるようになる。そうなって初めて、世界は我に相対する物として見られるようになる。以来、われわれの思いはようやく複雑になり、互いに自他の能力の違いを比べ合っては、その優劣をはかるようになっていった。他と比べることで、暗に自己の立ち位置を確認するようになったのである。

われわれは先人の経験知にしたがって育つから、現代の赤ん坊が大人になってゆく過程はむかしより早い。だが太古の人々は、同じ過程を、もっともっと長い時間をかけて、徐々にはぐくんでいった。たとえば初めて、石で刃物を作って物を切ることを覚えたとき、自分より他者の作った刃物の方がよく切れることを知ると、もっとよく切れる刃物を作ろうと工夫する者がでてくる。そんな風に、いろんな道具をより良く工夫することで、人々の能力は少しづつ発達していった。

他と比べることで発達していった能力は、刃物や弓矢を使って戦うことにも有効に使われるようになる。敵と戦って勝つ技量は、自民族の平安のために重要なものになっていったから、いつか戦士の戦う能力が、人の優劣をはかる基準となっていったのは当然だった。多くの戦いに勝ち残り、多くの物を奪い取ってきた者は、人々から讃えられ、特別な尊敬を受けるようになった。貴族階級は、初めはそういう希有の能力者たちに与えられたものである。

他に拠っての承認欲求

この他と比べて我が能力の優劣をはかる心が、さまざまに雑念妄想を生じさせる原因だった。現代でも、社会的に成功した者が讃えられるのは、太古からの人物選別法に倣(なら)ったものだろう。今でも、紀元前の戦闘法を説いた「孫子の兵法」が、経営論や指導者論のテキストになったりするのは、われわれの心のどこかに大昔の習性が残っているからだ。

とまれ、他と比べることで我が能力の優劣をはかる心は、人類の生活形態を大きく変化させていった。先人の工夫の上に新たな工夫がなされ、さらに新たな発明がなされる。人々の創造性は多様な工夫をくり返すことで、つねに他人とは異なるおのれの優越性を確認しようとしてきたから、他と比べ合うことは、思うことの一番の大事となっていった。

　われわれが今、自己確認のために、何を拠り所にしているかといえば、おのれの行為が他より優れているか否かという思いに拠ってである。自分が自分のことをどう認めているかという事ではない。他の人々がどのように自分を認めてくれているかという、この一事である。だから他に認められていると思えば嬉しくなり、他に認められていないと思えば落ち込んで、生きる意味まで失っている。いつも他人がどう認めてくれているかという、そのことばかりがおのれの価値の優劣をはかる基準になっている。自分一個の価値観に拠って、自分の力一つに頼って生きようとする積極的な意思は、ほとんどないのである。

　しかしこの他に認められたい欲求は、もう古い時代からの習性なのである。嫉妬や憎悪や怨恨（えんこん）の情も、裏切りや復讐や陰謀のはかりごともみな、この欲求から起こされたものである。これによって、歴史上に残虐な殺戮がくり返されてきたことは、数えきれない。始まりはただ他と比べて、おのれが世の中に認められているか、認められていないかの思いから生じたものである。だからこの思いは、また個々の心に強い執着心を起こさせた。いつとも知れない長い時間のなかで、おのれを他によって承認されたいという欲求に動かされて生きてきたから、今はもう、この自己承認欲求は、ほとんどわれわれが物心ついて以来の習慣のようになっている。

元々は自他の優劣を比べて自己確認する必要から生じた心である。しかしこの心、知らずに使っていると、使うほどに、自他の隔たりを大きくさせる。自他を比べることで自己確認しようとする習性は、むろん、物に対する思いを頭脳上で意識的に言葉に直して確認しようとするようになって以来のものである。しかし物は言葉化されたとたんに、物自体とは別の概念になる。物の内容を、人間の知性上でどんなに詳細に説こうとも、説かれた内容と物自体とはまったく無縁なものである。人間の言葉によって、物の在り様が変わるわけではない。たとえば、河原の石のことを人間がどんなに上手に説明しても、河原の石は以前として、河原の石のままである。われわれは、なかなかこの事実に気づかない。物を見たり聞いたり触れたりしては、物に直接したように思い、物が分かったように思ってしまう。分かったように思うのは、人間の認識上で分別された一部分のところであり、認識できないところはついに無知のままである。

ある人が河原の丸くなった石を見て、言ったことがある。

「初め山奥の谷川にあった岩が、大雨が降るたびに、大水に押されて転がされ、互いにぶつかり合って割れたり、角が削られたりしながら、川下まで運ばれて丸くなって、今ここに在る。

しかしほんとうに巨大な岩なら、大水が出るたびに他の小さな石をコロにして、かえっていよいよ川上に上ってゆくものだ。山奥に行くほど谷川のなかに巨岩が見えるのは、そういうわけだ」

彼はそう言ったあと、さらにつけ加えて言った。

「人間も若いうちから丸いような者は、川下に至るまでに消えてしまう。だから若いうちはゴツゴツしていてよい。さまざまな者に揉まれながら、歳を取ってゆくなかで丸くなってゆくのが良いのだ。中には他人をコロにしながら川上の方に上る者もあるが、いつまでも大きな態度でゴツゴツしたままでは、そんな者は世の中では迷惑なばかりだ」

河原の石がどのように他の石に揉まれながら丸くなっていったか、その詳細を知ることは、人間の知性上では不可能である。ただ河原の石のことだけではない。あらゆる生きとし生けるもののことも、地球上にある万物のことも、生じている現象も、たとえ学者によって深く研究され、その道理がすっかり明かされたように思っても、やはり人間の認識上の把握から出ない。認識の及ばない部分のことは、まったく無知のままである。

われわれが、この習性から離れられないでいるあいだは、他と比べて自己確認するたびに、おのれの認識内の把握から出ないところで、物を見てしまう。結局、どんなに物を通して自己確認しようとも、ついにおのれの認識上から出ることがないのである。もし、この一事に気づかないで済ませているなら、結局は我のことも世界のことも無知のままに、我と世界との隔たりはいよいよ大きくなって、心は虚無になりゆくばかりであろう。

真実の我をどう見つけるのか

われわれは時々、昨日までよく見ていた物を、いま目前に見ても、その名前が思い出せないことがある。そんなときは不安になるが、名前を思い出せないことが不安になるのではない。名前を思い出せないことで、自己の確認まで曖昧になっていることが不安なのである。物の名前が思い出せないときは、心も正しく働いていないように感じている。木を見ても木と分からず、花を見ても花と分からない。もしそんな風なら、確かに心も正しく働いていないのである。おのれが老耄したかも知れないと思うようになると、心が不安になるばかりか、深い恐れも生じてくる。物忘れが多くなるにしたがって、物を通してしか確認してこなかった自身のことも曖昧になり、ついにはおのれの在ることも忘れてしまうからである。

元気なときに、自身の思いの本を正しく省みたことがないから、恐れが生じている。我がことはよく知っているつもりでも、それは真実の我ではなく、虚像の我だと内心では予感している。だから真実の我を探しては、見つけられなくて不安になり、さらには恐れを生じさせている。いったい真実の我は、どこで確認できるのだろうか。

心はちょうど、鏡に物が映るときのようである。鏡に映された物は、すでに実像ではなく、虚像である。それと同じで、物を通して確認した自己は、すでに真実の我ではなく、心に映された虚像だった。だからわれわれはいつも、内心に隔靴掻痒の感（靴の上から足のかゆみを掻くように、直接当たらないことへの焦燥感）を免れないでいる。自己確認しようとするたびに、自己が少しも実像として確認されないことに気づかされるからである。

心に物を映してみても、それでおのれが確認されたのではなく、かえって自己の虚像に出会ってしまう。われわれは内心はいつも、そのことに気づかされてきた。だから実際は、自己を確認するたびに、我と物との隔たりを予感してきたのである。新たに物を得ても、やがて飽きて、また新たな物を求めてしまう。この心も、物を得ただけでは確かにされない自己に気づかされてのものである。物だけでは我は真実になれない。心のどこかで、このことに気づかされた者は、つねに人生が不安に晒されている。われわれが雑念妄想して止まないのも、虚像ではない真実の自己を模索しての故である。

当然といえば当然だが、だれも真実の自己に出会うために生きている。嘘や偽りの虚像。自己に出会いたくて生きている者など、一人もいない。

自己の真実などいらない。いい加減な生き方をして、どんなに他人に迷惑をかけようとも、自分だけ良ければ構わないと、そんな風にいう者もある。だが、それは本心ではない。できれば周囲の誰からも認められ、みんなに喜ばれて生きたいのである。ただ、その方法が知り得ないから、他人に反発して身勝手をいっている。彼は他人に反発することを通して、自己の生を確認しているつもりなのである。

ときには、生涯を他人のためだけに尽くして、おのれの損得など考えたこともないという人がある。だが彼はそう思ってゆけば、かえって自身の生が真実になれるかのように思っている。我が命を犠牲にして、他を生かした者もたくさんいる。彼らは他のために死ぬことで、自分の生がもっとも真実になることを信じたのである。

だれも、我が生を真実意義あるものに為したいと願って、今を生きている。我が生を虚偽に染めたい者など一人もいない。ただ大半の人は、どうしたら我が生を真実にできるのか、その正しい方法が分からない。だからつい、物を通して自己確認することばかりに執着してきたのである。

物自体は、周囲の状況に応じて変化して止まないものである。この世にある物で、変化しない物は一つもない。昨日まで価値があると思っていた物でも、今日急に無価値な物になってしまうことがある。されば自分に対する他人の評価だって、時々の状況にしたがって上がったり下がったりする。そのたびに物を通して確認してきただけの我は、一喜一憂させられて、ときどきの物の価値に引きずり回されている。その引きずり回されている心が、雑念妄想の生ずる本である。

自己の真実に直接したいと欲しながら、物に対するさまざまな思い（雑念妄想）に邪魔されて、虚像の自己にしか出会えないでいる。その事に気づかされるたびに、われわれは自己の拠り処（安心）を見失ってきたのである。

第三章

我と物と一如になって在る

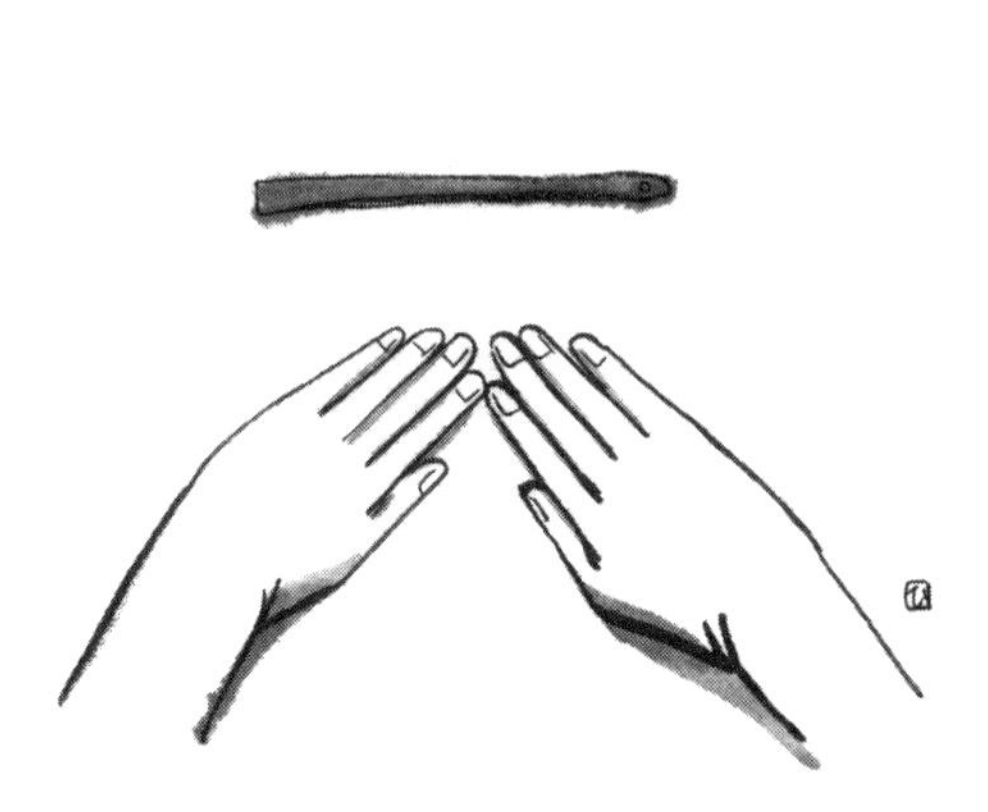

我在りと思わねば、我は無し

虚像の自己に出会っていると気づかされてきたのは、ほんとうは、反面に真実の自己の在ることを知ってきた故である。われわれに真実がなくては、虚像の自己に出会っていることにも気づくはずはないからだった。

ではいったい、いつどこで真実の自己に出会ってきたのだろうか。実は自己と物と一如になっているときは、いつも出会っていた。つまり自己が物となり、物が自己となっているとき、自己と物とのあいだに毛ほどの隙間もなくて在るとき、われわれはもっとも近くで真実の自己に出会っていたのである。

今までの人生の中で、心から充実を感じていたのは、どんなときだっただろうか。何かに夢中になって、我を忘れているときは、いつも充実していた。映画を観たり音楽を聴いたりしているとき、スポーツやゲームに夢中になっているとき、友人や知人と酒を飲んでいるとき、思わず知らず我を忘れているときは、だれも心に不足は思っていなかった。たとえそれが辛い仕事のときであっても、考える暇もないほどに忙しく働いているときは、かえって快い疲れを感じていた。
どんな行為でも、我を忘れるほど夢中になって、全身を尽くして行為しているときは、だれでも物と一如になっている我に出会っていたのである。

私は大学生時代、京都の「しゃぶしゃぶ店」でアルバイトしていたことがある。繁盛している店で、休む暇なく接客せねばならなかった。終わるとくたくたになったが、考える暇なく働いたから、一日があっという間に過ぎた。そのころの私は心が迷妄のなかにあって、日々クヨクヨと意味も無い考えに取り憑かれていた。当時、そういう状態をノイローゼといったが、働いている間だけは、ノイローゼなどどこかに置き忘れて働いていたものである。

「我在り」という意識がないときは、人生の苦も迷いも心の外にある。かえって充実を感じている場合が多い。だから反対に人生に苦しみを感じるときは、「我在り」という意識が顔を出している。我と物とのあいだに隔たりがあり、心に統一がないように感じられている。物を得ても心が充たされない。物の情報はたくさんあっても、それが心を調和させてくれない。むしろ、いよいよ我と物との不一致に気づかされている。

日々をつまらなく思い、人生に生き甲斐が感じられないでいるとき、心の内容はこのようである。我と物と二つに分別されているときは、そんな風で、われわれはただ生きているだけで、生き甲斐も拠るべき安心も見失って、ただ虚無の心になっている。

我という永遠性

なぜ心が虚無にされるのだろうか。本来、我と物と別々に見ていることが、心の錯覚だからである。真実の心は、初めから我と物と一如になって存在してきたことにある。実際、我と物と別々に離れたことなど一度も無かった。この世界にあっては、我と物と一如であることだけが真実の姿なのである。

フランスの哲学者デカルト（一五九六〜一六五〇）は、「我思う、故に我在り」（『方法序説』）といったことで知られる。デカルトは、今ここで「我が思う」、その刹那に、「我」の全存在が露わにされてゆくことをいった。だが私は、この言葉をいつも、別の意味で捉えてしまう。「我」は、この地球の全生態系と一如にならないでは、「我在り」とはならないと考えてしまうからである。

たとえばわれわれは、空気がなくては刹那も存在しえない者である。その空気も単独で存在しているものではない。大自然の生態系と一如になっての存在である。人間を始めとした動物類は、酸素を吸い二酸化炭素を吐くことで生きている。もしそれだけだと、大自然から酸素がなくなり、二酸化炭素ばかりになってしまう。動物類はみな死んでしまうことだろう。ところが反対に、世界中の植物は、二酸化炭素を吸って酸素を吐き出すことで生きている。お蔭でわれわれは不自由なく酸素を吸って生きられるのである。

また水がなければ、生きとし生けるものはみな死滅する。水は生命存在のためには絶対の必需品である。しかも、その水が在ることと、空気と太陽熱は密接な関係にある。太陽熱によって大地が暖められると、海や河川や大地に含まれる水分が気化して空に上る。高度の大気中に上った気化水は、零下の大気中に冷やされると霧になり、集まって雲となる。その雲の密度が増して重さに堪えられなくなると、雨や雪や霙（みぞれ）になって地上に降りそそぐ。それらは海や河川に交わり、また山や大地に浸透して、ふたたび太陽熱に温められると気化して空に上る。

動植物や鳥類、昆虫類、爬虫類、魚類、細菌類等々、地球上の全存在は、天地のかかる仕組みのなかにあって生死してきたものである。地球上に生じる命あるものはすべて、天地の自然現象と一如になることで存在してきた。そしてまた、お互いに他の生命体と密接にかかわりあうことで、おのれの存在を確かにさせてきた。どの生命体も個々に単独で生きたものは一個もない。地球上の全生態系と一如にならねば、瞬間にも生きられないできたのである。

たとえば地上に蛇がいなければ、人間にとっては住みよい場所と思う者は多い。しかし、蛇のいることで保ってきた生態系の調和もある。われわれの都合だけを通して、人間に邪魔に思うものを除外すれば、大自然の調和もくずれて、かえって人間自身をも滅ぼすことになる。

地球は宇宙との微妙な調和の中に位置し、地球上に生じた物はみな、大自然の生態系と微妙な調和を保つことで存在してきた。人類がここに在るのは、地球と一如になってのものである。さればわれわれ個々は、全宇宙との調和のなかで存在している者でもある。

「我思う、故に我在り」といっても、かかる宇宙的な調和性を離れて存在してきた者ではいない。われわれは、つい「我在り」といわねば自己が確認されないように思うが、

「我在り」と確認する以前に、すでに宇宙的な調和性と一如にされることで、「我」は認められていた。この仕組みから外れて「我」を思おうとすれば、「我無し」になる他ないのである。

宇宙的な調和性だけではない。われわれはまた永遠の時間性とも一如になってきた者である。だれも時間性と共に生死しないできた者は、一人もいない。ところが人間の時間性は、死ねば終わるように思う者は多いのである。実際はまったく違う、われわれが死者になっても、時間性から外れることはついにないのである。時間性は即座に死体上で働いてゆくからである。死体は様々に変化しながら、あるときは火になり、あるときは灰になり、あるときは土になり、水になり風になってゆく。時間性を離れては死者にもなれないのである。

宇宙に生じた一切の現象が、刻々の時間性と一如にある。宇宙の創造性も、時間性を離れてはありえない。されば時間性は、宇宙の創造性の外にあって、また別に働いてきたのである。

時間には姿かたちがない。動いているか止まっているかも正確には知りえない。いつ始まっていつ終わるかということも分からない。われわれが三時だとか五時だとかいうのも、太陽と地球とのかかわり方を計って、人間の考えうる原理のなかだけで作りだした時間である。宇宙本来の時間には、三時も五時もない。宇宙空間では、時間を定めようにも、拠るべき基準の場所がないからである。もし時間の本性を言おうとすれば、「永遠」というほかにないのである。もっとも、その「永遠」すら、われわれ人間が思うときは有限の時間概念のなかで想像してしまう。だから永遠性（つまり時間の本性）が、実際はどのようなものかは、だれも知りえない。

「我在り」といっても、かかる永遠性と一如になっての「我」である。だからこの「我」は、どの時にも刹那も止まったことがない「我」なのである。

今に在らず我に非ず

では「我」とは、いったい何者だろうか。「我」は昨日を確かに生きてきた者だが、昨日の「我」は、いったい今日のどこに在る者だろうか。我が身体を構成している細胞は、すでに新たにされて、昨日の我が細胞ではない。また昨日経験してきたことの一部分だけを、今日に持ちきたって「我」に為している者でもない。昨日を経験した「我」

のすべてを以て、今日の「我」に為しきたっている。一ヵ月前の「我」も半月前の「我」も、また去年の「我」も一昨年の「我」も、五年前十年前の「我」も、過去に経験したことのいっさいの「我」を残らず持ちきたって、今ここの「我」に為している。されば、今日ただ今の「我」は、この世に生まれて以来のいっさいの経験が今に至った者である。「我」とは宇宙の永遠時間と一如になって在りながら、さらには過去いっさいの我が経験と一如になって、今の「我」となって在る者だった。世界中の人もみな、同様にして「我」を持ちきたった者である。

また個々人の経験は他の人々の経験と無縁ではない。我が一個の経験はつねに全人類の経験と一如になってきたのである。あらゆる人類の経験が、個々の経験知のもとになってきたからである。

たとえば現代のわれわれが、食事をするときのことを考えれば、茫然とせざるをえないだろう。全世界の文化を我が手のうちに自在に扱って、特別に気づくこともないのである。箸や皿やスプーンやコップを使い、テーブルや椅子を使う。食事の内容となれば、もう世界中で作られてきた料理のいくつかが、日々食卓に並ぶ。みな世界の各地で長い歴史文化のなかで工夫されてきた料理である。このことだけでも、全人類が積んできた過去いっさいの経験と、我と無縁ではないことが知られよう。

世界中の人々が積んできた過去無量の歴史的事件も、むろん、われわれの個々の経験と無縁ではない。だれもみな、全人類の歴史と一如になっての「我」として、今ここに在る。

南アフリカの貧しい男が、泥のなかに終日埋まってやっと採取した一個のダイヤモンドが、今日の日本で、小学校の父兄参観にきた一人の母の指輪になっていたりする。このダイヤモンドのために、一アフリカ人の苦役と貧困と血が流されたことは、母は思ったこともない。だから私は、われわれ日本人の七十年余の平和が、世界のどこかでは戦争を起こさせる原因の一つになっているのかも知れないと思う。ただわれわれが、そのことに気づかないだけなのだと思う。

人類の過去いっさいの経験と「我」とは、決して無縁ではない。むしろ一如になっていることで、確かな「我」をなしている。それでもなお、他とは拘わらない一人だけに限定された「我」が在るように思うなら、ただ真実の「我」を見ることが嫌だからに違いない。虚像の嘘偽りの「我」でもって自他をごまかしてきたから、そのことに気づくのが怖いのである。

「我」の真実は、そのように、無量の経験知の集合体として、今ここに在る。しかも、その「我」を「我在り」と思ったとたん、即座に思った「我」は過去にされ、新たな「我」が呼び起こされてゆく。だから、即今ただ今にあっては、真実の「我」は、「我」にも「今」にも止まることがない。ただ、「我に非ず」「今に非ず」というほかにないのである。

今、目を閉じて何も見ない状態にして、それから急に目を開けてみる。すると最初に、まず、目前の景色が眼に入る。しかしその瞬間は、まだ心に「我」の思いはない。ただ眼前の景色が映っているばかりである。我と景色と二つに分かれた思いはなく、我は景色と一如になっている。その後で、景色に対する意識（思い）が動きだす。だから景色が眼に映った瞬間は、眼は見ていても「我」は見ていない。見る者はまだ「我に非ず」なのである。

「我在り」ということの真実を正しく確認しようとすれば、まずはこのように、「今に非ず」「我に非ず」の「我」も在るのだと気づかねばならない。だから、心を動かして確認したときは、すでに我と景色と二つに分けた後の、虚像の「我」を見たのである。

では真実の「我」のことを、われわれはいったいどのように証明するのだろうか。真実の「我」が確かに在ることを証明しないでは、嘘の「我」ばかりに出会っていることになる。

実は真実の「我」は、眼で見て確認することはできないが、だれも日々に親しく出会ってきたのである。だからこそ今日も、他でもない我自身を確かに生きている。

たとえば鏡は、つねに前に来たものを映す。何も物を映さないような鏡は、鏡ではない。ではいったい、鏡自体の主体はどこで見ることができるのか。物を映す働きの、その主体を見ようとしても、見るときはいつも、鏡は他の物を映しているばかりである。他の物なら何でも映すことができるのに、映す働きの主体である鏡の本性だけは、ついに映すことがない。結局、鏡の主体を見ようとすれば、何物も映っていないときの鏡を見るほかにないのである。だが何物も映っていないときの鏡とは、それは暗闇のなかにしかないだろう。一寸の光もない真っ暗闇のなかでこそ、鏡の主体は現れているに違いない。ところがその主体像を、だれも見ることができないのである。見たときは、すでに物が映っているからである。

真実の主体が正しく働いているとき、鏡は他の物を正しく映して誤ることがない。つまり鏡自体は、その主体を現さないことで、かえって自身の主体が正しく働いていることを証明して見せているのである。

　われわれが自他一如になっているとき、真実の「我」を見ることができないのも、この鏡の主体と同じである。われわれの心も、我以外の物を正しく心に受けることで、かえって真実の「我（主体）」が確かに在ることを証明している。だからつねに「我は我に非ず」の者として、ここに働いている。「我」自体を現わさないことで、かえって真実の「我」の働きを自在にならしめているのである。

同じ根に生まれても、みな異なって生きる

　秋になると、銀杏の葉々が黄色に染まって枝先に揺れる。それら万葉の一枚一枚を子細に眺めていると、みな同じように見えて、実は一枚も同じ形の葉はないことに気づかされる。風に揺れるときも、同じ動きで揺れる葉は一枚もない。同じ銀杏の樹に生まれても、一枚として同じ姿形、同じ場所に育つものがない。銀杏の樹も「非ずのもの」として、表には見せない主体の自在な働きようを、それぞれ異なった姿形や動きをなす

ことで、証明しているのである。

この事実は、銀杏の樹だけのことではない。この世に生じたいっさいの物がみな、個々には他と異なった姿形を現すことで、主体の確かに働いて在ることを証明している。同じ両親から生まれた兄弟姉妹も、そっくり同じ顔になったり、同じ人生を生きたりすることはない。たとえ双子に生まれても、個々の考え方や見方は異なって生きる。


私は三人兄弟の長男に産まれたが、母は知人から、弟が兄と差別されて可哀そうだと批判された。母は差別なく育てているつもりだったが、知人には兄の方が大事にされているように見えたらしい。兄の私からすれば、弟が生まれてから急に、「もうお兄ちゃんになったのだから、がまんしなさい」と言われ出して、ずいぶん損したような気持ちになっていた。同じ両親から生まれても、生まれる順番が違うだけで、こんな風にみな異なった環境で育つ。長男には弟と妹があるが、妹にはそれはなくて、兄が二人自分の上にいるなかで育つ。これは兄二人にはまったく知りえない環境である。

弟は若いころ、周囲から美男と見られていた。大学生のとき、私にラブレターを差し出す女性がいて、思わず心ときめかせたことがある。ところが女性は、「弟さんに渡して下さい」と言う。弟に手紙を渡すと、「僕が美男だと思ってくる女性には興味がないから」と言って、読むこともしない。ラブレターなど貰った経験のない兄は、ただ茫然とするばかりだった。

こんな風に兄弟でも、同じ考え方になることはない。兄弟だから同じ考え方だろうなどと思っていると、まったく違う考え方に出会って憤慨することにもなる。親の死後、遺産相続や先祖供養のことで兄弟喧嘩して、以後仲違いしたままで終わる兄弟は、結構多いのである。

同じ人間だからといっても、兄弟ですらこのようである。まして他人が自分と同じ見方考え方になることなど、決してない。生きてきた過程での経験知が、みな違うからである。同じ思想に共鳴した者たちが共同して、社会の改革運動に励んでいることがある。彼らを外から見れば、みな同じ考え方のなかで運動しているように見える。しかしその内心の動機は、だれも同じではない。それぞれに異なった心の事情があって、運動に参加しているのである。

動機はそれぞれ異なるのに、なぜ一緒に行動しようとするのだろうか。大勢で集まった方が、社会改革が為しやすいと思うからだろう。だが本心はそうではない。多数が賛同しているように見える一つの思想に参ずることで、我が本性（真実の「我」）に具わった平等性に触れるように予感されているのである。本性の平等性こそは、あらゆる差別相を具現させてきた大本の根だからである。

差別をもって平等性を確認している

「我が本性に具わった平等性に触れる」といったが、それは個々に別々に具わった平等性をいったものではない。あらゆる差別相に通じた、ただ一つの「平等性」をいった。一本の銀杏の樹に生ずる万葉の姿形、その育ちようはみな異なるといったが、その平等性は、全世界のいっさいの樹木に共通する一つの「平等性」を以って育ってゆく。

この事実こそ、存在することの唯一の真実である。われわれはみな、この全存在に共通する一つの「平等性」に触れたいと欲して、ただそのためだけに生きている。それが生きることとの真実の意味である。

たとえば時間は、いっさいの存在に平等に及んでいると述べた。この世に存在しているもので、時間を離れて存在しているものは一つもない。ところがこの時間がどのようなものかをわれわれはまったく知らない。第一、どれほどの速さのものかが、さっぱり分からない。一分過ぎた二分過ぎたというが、一分の実際の時間はどのくらいの長さか、正しく知る者がいるだろうか。

私はあるとき、人々に目をつむってもらって、一分がたったと思う頃に手を上げるように頼んだことがある。みな一分がたったと思う頃に手を上げたが、まったく同じ時間に上げた者は一人もいなかった。むろん、同時間に手を上げたと見える者は幾人もあった。だが、たまたまそう見えただけで、個々の一分感覚は、みな別々に捉えたものだった。もし秒単位で計測していれば、零コンマの違いが明らかにされただろうと思う。

つまりどんな時間も個々人の感覚のなかだけにあって、正確な時間というものはだれも知らないのである。楽しいことを為しているときの一時間は、あっという間に過ぎるが、苦しいときの一時間は二時間にも三時間にも感じられるときがある。

否（いや）、時計だけは正確な時間を刻んでいると言うだろうか。前にも述べたが、人間が知っている時間は、太陽と地球との周期から人工的に定めたものである。実はそれすら、正確な時間ではない。日々に微妙にずれが生じているから、年に一回は閏年をもうけて軌道修正をしなければならない。宇宙旅行をするロケット内では、乗員たちは地球時間を用いない。地球を離陸した瞬間をゼロ時間として、時間を設定するそうである。宇宙空間では太陽と地球の周期だけで時間を定めることはできないからである。

ほんとうの時間がどのような速さのものか、ついに知れないといったのは、そういうわけである。しかも妙なことには、われわれにとっては、こんなにも未知の時間を、だれもが同じように平等に受けて存在していることである。平等といっても、これ以上に平等な事実はない。私の今と、あなたの今と、まったく同じ今に生きているのである。私の今があなたより数秒遅いこともなければ、あなたの今が何秒か早いということもない。

しかもこの時間、一度も止まったことがない。われわれがだれも、いつのまにか年老いてゆくのも、平等に時間の流れと共になって生きてきたことの証(あかし)である。時間の流れと命の流れとは、名前の呼び方が違うだけで、同じものである。この世にあるいっさいのものが、私に及んでいるものと同じ時間を受けて存在している。私が受けてきた時間と別時間に存在しているものは、どこにもない。たとえ動かないように見える庭の石であっても、地球誕生以来数十億年の時間のなかでさまざまに変化しながら存在してきて、今は我が庭先に在る。また億年の未来には別の姿形の石に変化していることだろうと思う。不動にみえる石も、われわれと同じ時間を共有して在る。ただその姿をこの世に現すときは、個々に異なった姿形となって現れてくる。

このように、いっさいの存在に共有の平等性は、具体的に姿形をもって現れるときは、いつも必ず、個々に異なった差別相をもって現れてくるのである。

ニュートラルの心

ここまで延々と述べてきたが、ただ「非ず」ということの実際を、何とか証明しようとしてのことである。善でもない悪でもない、愛でも憎でもない、正しいでも不正でもない、肯定でも否定でもない。まだ人間の意識する二つの価値観に分かれる以前に、まず「非ず」としかいいようのない働きがあって、一切の事物が存在してきた。この働き、しかも人間の認識上に具体的に知られるときは、必ずどちらか一方の価値（差別）観をもって意識されているのである。

われわれが赤い花を見て、「赤い花」というときは、必ず意識のなかでは、赤色以外の色が前提とされている。「緑の葉っぱ」というときは、必ず緑色以外の色が先に想定されている。「これが好きだ」というときは、必ず他の嫌いなものが思われている。もし赤や緑をいわないときは、他の色も意識上に現れていないのである。

平等をいうときも、そこには必ず、意識上に差別の思いがある。だから、平等をいわないときは、まだ心に差別の思いもない。意識上にいわれるときの平等は、むろん全存在に共有の平等ではない。平等観が、個々の価値観に限定されてのものである。平等は、人によってみなその内容が異なって言われたものである。だからおのれの主張する平等が否定されると、怒って、否定者を滅ぼしてでも肯定されたいと思う者が出てくる。主張する平等は、単に個人的な見解を述べたもので、全人類に不変の平等をいったものではないからである。

しかしまた、人が是（肯定）と非（否定）に分けた意識を前提にして考えを述べるときは、必ずそこに是非に分かれる以前の心が働いているものである。分かれる以前の心とは「是に非ず、非に非ず」で、「非ずのこころ」である。存在の中心にあって、つねに是非に分かれる以前の「非ずのこころ」が働いているから、われわれの心は、あらゆる環境に自在に対応することができている。ときどきの状況の変化に上手に応じて、あるときは是となり非となり、善となり悪となり、好きとなり嫌いとなって、我が生を不足なきようにあらしめている。

「非ずのこころ」は、自動車のニュートラル（変速ギアの中立の位置）のような心だといった者がある。以前はどの自動車にもニュートラルギアの位置があって、一度そこへ戻してから一速、二速、三速、またバックやロウに切り替えていた。出発するときも、まずはニュートラルの中立状態にしてから、変速ギアに移してゆく。そのように、われわれも修行してニュートラルのような中立の心を悟れば、自在に心をニュートラルに戻すことができるようになり、もう迷い苦しむ心から免れることができるようになれるといった。

　この見解は自由な悟りの心を説いたようで、実はそうではない。自由になりたい思いに捉われた者が、頭の中で想像した不自由な心である。真実「非ずのこころ」なら、自動車のように、各変速ギアの別にニュートラルの場を具える必要はない。ニュートラルの場を具えなくとも、無意識のうちに自在に一速二速三速、またバックやロウに切り替えて、不自由になったことがない。「非ずのこころ」とは、まさにこのようなものである。

　この心はだれもが具えもってきた心だから、その事実に気づけばよいのである。ただついに見ることができない心だから、われわれはどうしても、この心を実際に見たくて仕方ない。見ることさえできれば、自由自在に生きられる心が得られるように想像するからである。自動車のニュートラルのような心を悟るようにいう者も、この想像に捉われての者である。真実を悟った者ではない。

この「非ずのこころ」は、物を見るように外から見ることはできないが、みずから親しく使っていることに、おのずから気づかされてゆく心である。われわれはみな、この「非ずのこころ」が自身の上で自在に働いてきたことを、つねに内心では予感してきた者である。自分の思いだけで今日まで生きてこられたとは、だれも思っていない。ただ実際には見られないから、そのためにどれほど右往左往してきたか知れないのである。

どんなことでも、真実に気づくことは難しい。それが外にあるものではなく、自身がすでに持っているときは、特にそうである。メガネがないと探し回った人が、「頭の上にあるよ」と言われて、アッと気づかされたという。新聞を読もうと思って額に上げたことを、急に思い出したのである。自身に自在に働いている「非ずのこころ」に気づくときも、そういうところがある。

ニュートンが引力のあることを発見するまでは、無量の疑問と困難があった。すっかり究明法もゆきづまって、もう方法も何も無くなってしまっているとき、ふとリンゴが木から落ちるのを見て、急に物質には初めから引力が具わっていたと気づかされた。引力はニュートンが発見してから生じたものではない。宇宙が始まったときには、もうそこにあったが、ただ人間が気づかなかっただけである。

この「非ずのこころ」に気づくことも、そういうところがある。だから古人は、「脚下を見よ」と言いつづけてきたのである。

第四章

帰雲老師に訊く

以下の対談は、第二章で紹介した薬山禅師の「非思量」の真意を深く会得してきた禅師、帰雲老師を主人公にした、著者の創作である。

老師に質問しているのは、三十代の出版社社員で、この数年間老師の下に通って参禅してきた者である。

在家者には禅の奥深い道理はなかなか分かりにくい。そこで、老師の弟子たちは在家者のために毎月機関誌を発行して、より広く一般の人々に禅の考え方を伝えようとしてきた。たまたま彼が出版社の社員で、雑誌の編集にたずさわってきた者だというので、弟子たちは新たな企画、「帰雲老師に訊く」という対談録を載せることにした。

在家の参禅者が日ごろ抱いている疑問を、彼が代表して問い、それを老師が、何とか在家者にも分かるようにと苦心しながら答えていったという設定である。

第一章、二章で「非ずのこころ」がよく分からなかった者も、この対談で少しく納得できることがあれば、望外の幸せである。

牛の瞳に映った空

「老師が禅を志すことになられたのは、どんなことが原因だったのでしょうか。お若い頃の、この道に入られた頃のことからお話ししていただければ、現代の若者たちにも何か参考になるかと思うのですが……」

私がそう訊ねると、老師は白い顎鬚をしごきながら、照れくさそうにしばらく身体を揺らしておられたが、こう言った。

「そうじゃな、最初のきっかけは、あれは……三歳か四歳の頃のことになるかも知れんな」

「えー、そんなに早い頃ですか」

「いやいや、白隠禅師（江戸時代の禅僧）が幼いころ海を見て無常を感じたような、そんなりっぱな話じゃない。小さい頃、家の近くの川原に牛がつながれていることがよくあってな、わしはその牛の目に魅せられたようなのじゃ。いや、覚えているわけではないが、親がそう言うのだ。ただ、牛の目の中に青空が映っていてな、その大きな黒い目の中に美しい空を見たことだけは、今もかすかに記憶がある。その後のことは知らんのじゃが、わしはその瞳の中をのぞき込んだのだろうな。それで牛が頭を振ったときに、角で頬をつかれて大泣きをしていたらしい。それを、母親が見つけて抱き上げた」

「よく、何もなかったですね」

「いや、当分頬に傷があったらしい。それで今思うと、その黒い瞳の中の美しい空がどうも忘れられない。心のどこかに残っていて、もう一度その美しい物に出会ってみたいと、そんな思いが心の奥深くにあったように思う。それが、わしがこの道に入ることになった、最初の原因だったように思うのだ。これは大人になってから気づいたことじゃがな。


誰でも、そんな記憶が心に残っているのではないかと思う。本当はな……。気づいていないかも知れんがな」


老師はこの国の都から西に、およそ八百キロほど離れた県の小さな山の中の村で生まれたと聞いたことがある。そんな山中の川辺で牛に見とれている幼い子どもの姿を思い浮かべながら、私は耳を傾けた。

「子どもは、どの子どもでも汚れないきれいな心を持っておる。だから、美しい物には魅せられる。わしの兄弟子はそのことを上手な言い方をしたな。子どもの心はまだ何も写ってない写真のフィルムのようなものだ、良いことも悪いこともそのまま写してしまう、とな。

だから、大人が見たら何でもないような、取るに足りないものの中にも美しさを発見する。ある女の子が森の中で、とても美しい物を見つけてな。嬉しくて、家に飛んで帰ってお母さんに見せたのじゃ。

『お母さん、お母さん、見て見て、これ！』

お母さんは家事に忙しくて、よく見ようともせんのだ。女の子は自分の感動を母親と共有したくてな、まとわりついて何とか見せようとする。そこで母親も仕方なく見るとな、小さな鳥の羽が指先でゆれている。そこで、『なによ、鳥の羽じゃないのよ』と言った。

母親は笑いながら、また忙しそうに仕事にかかるのじゃ。だから女の子は、もう二度と美しい物の話はしなくなる。多くの子どもたちがそうして、だんだんに大人になって行く。反対に汚いことには、大人はとても熱心になる。そうじゃないか」

「汚いことといいますと」

「たとえば、他人の悪口とか噂話、嘘やごまかしじゃよ。また、自分に気に入らないことがあると、大声をあげて怒ったり叱ったりする。大人はそれを夢中になってやるだろう。だから、この怒り心も悪口心も子どもの心のフィルムにちゃんと写ってしまう。そんな風に、日々きれいな心に出会うことより、汚い心に出会う方が多い中で育つものじゃから、子どもだって、だんだん自分にきれいな心があったことを忘れてしまう。まあ、大半はそうして大人になってゆくのだ。そうは思わんかな」

私も子供のとき、大人の言葉で傷ついたことは何度もあった。だが、老師の言われるように、それが大人の汚れた心から出た言葉だなどとは考えたこともなかった。ただ、大人に否定されることを恐れて、怯えていただけのように思う。

それよりも、自分で嘘をついた事の方が心に残っている。三歳の頃に、叱られるのが嫌で、頑として嘘をつき通したことがある。幼稚園に行くと、毎日お昼寝の時間があって、目が覚めるとお八つが貰える。他の子供たちは早くに目覚めてお八つを食べているのに、私一人は眠ったふりをして、グズグズと先生が起しに来るのを待っていた。その心が大人になった今も思い出されて、時に、私の邪（よこしま）な甘え心をうずかせる。

「子供時代を思うと、嘘をついたりごまかしたり、悔しくて泣いたりしたことが何度もあります。それでも、大人になってから体験した世界よりは、美しかったように思います」

「誰もが、そうじゃ。心が澄んでいるだけに、出会った世界も美しく残る。それが段々、大人の真似をすれば格好良いと思うようになる。わしも十代の半ばにはもう、親に隠れて酒を飲んだり煙草を吸ったりした。そうやって大人の考え方やしゃべり方、姿形を真似ていると、子供の純真さなぞは、ダサいことの最たる物のように思われてな。まあ、そう思うようになると、色気が出てきた証拠だ。そうやって、皆、一気に子供心から旅立って行ったものだ。


わしも他の子供らと同じだったが、それでも些か免れ得たのは、なぜか本を読むことが好きだった故じゃ」

「近くに書店があったのですか」

「いや、わしの生まれた村に書店などなかった。本を売るような店があるなどは、知りもせなんだ。ただ、わしの祖父が読書家でな、家の本棚に本がたくさんあった。それを、暇があると読んだ。大人の本ばかりでな、お陰で頭の中だけは、ませくれた」

「ませくれた……とは？」

「ハ、ハ、ハ、大人の秘密や異性の秘密にやたらと興味を持ち出したということじゃよ」

老師によると、今の小学五年生ぐらいの歳にはもう大人の小説が読めるようになっていて、男女関係の描写がいかにも秘密めかして書かれることに、意味はよく分からないながらも、いたく興味を覚えたとのこと。なるほど、少々早熟な子供だったようだ。

「森鴎外訳の『即興詩人』は面白くてな、夢中になった。二晩くらいは寝ないで読んだが、大いに影響されてな、当時は吟遊詩人になって一生放浪してもよいなどと思ったものじゃ。なかでも、ドイツの作家でヘルマン・ヘッセの『メルヒェン』という童話を読んでいたら、その中に『イリス』という物語があってな、大いに刺激された。

一人の学者が友人の妹でイリスという名の女性に恋をする。イリスとは日本語でアヤメの花のことじゃ。彼は女性の名前を口にするたびに、何か幼い頃のとても神聖な物で、忘れてしまったあることを思い出すような気がするのだが、それが何だったか少しも思い出せない。ある日、彼は意を決して自分の妻になってもらいたいと打ち明ける。すると彼女は、あなたが私の名前を口にするたびに思い出すような気がする神聖な物とは、いったい何だったかを見つけたなら、妻になっても良い、と答えるのじゃ。

こんなことを言うような女性は、ほとんどいないと思うが、彼はそれで、おのれ自身の記憶の底に懸命に下りて行ってな、ついに幼い頃アヤメの花に魅せられて、その花芯の中に神秘を見たことを思い出すのじゃ。だが、その間の苦心が半端ではなかった。社会的地位も生活もすべて失ってな、そのうち彼女も病気で死んでしまった。結局長い究明の年月の果てに、やっと存在の背後にある真理の故郷（ふるさと）を見出した、という話じゃ。

わしの牛の瞳に映った空も、そのアヤメと同じことじゃった」

「老師にも牛の瞳に映った青空を探すように言われた人があったのですか」

私は、八〇を過ぎた老僧にも若かりし頃の恋物語があったのかと、急に興味を引き起こされて、つい身を乗り出した。

老師はジロリと私のほうを睨（にら）むと、

「お前の助平心につき合っている暇はないぞ」

そう言われて、私が首をすくめると、笑いながら答えられた。

「わしのような歳になるとな、明日をも知れぬ。訊きたいことがあるなら、一番要（かなめ）のことだけ訊くことじゃ。

子供の頃に見た牛の瞳の中の青空のことなど、わしは長いこと忘れたおった。だが、ヘッセの『メルヒェン』を読んで刺激を受けたあと、東洋の古典に心ひかれるようになってな、わしは読書のとりこになった。学校に行っても、暇があると図書室にいるような少年だった。それで、ずっと後になって、何故あのとき、あんなに本に魅せられたのだろうかと思ったのじゃ。すると徐々に、最初のきっかけは幼児期の青空体験だったと気づかされたのじゃ。

君も幼いときに見た美しい物や、楽しかった体験を、懐かしく思ったことはないかな」

「あります。もう一度、あんなよき時代に戻れたらと思ったことが、何度かあります」

「そうじゃろう。幼児期はまだ自分と世界とが二つに分かれることが少ないからな。出会う物が皆な自分と一つで、別物になっていない。自他は一如の世界にいる。それで、そんなときがもっとも真実で、充実していたことを、だれも心の底では記憶しているのじゃ」

確かに、幼児期の楽しさ美しさには、他人に傷つけられたというような悲しみがない。まだ他人と自分という区別がなくて、疑いも恐れも知らない神様の世界にいたからだろう。

太古の時代からの想い出

「バイブルにも、赤児のような心でなければ天国に入れないという言葉がありましたが、まだ自分も他人もない神様の時代があったのですね」

「そうじゃ、皆な天国の子供だった。だから、そんな時代をすっかり忘れて大人になった者でも、ときどきに無意識のうちに思い出す。ほんとうは何度も思い出しているのじゃが、そのことに気づかないのが、大人の証(あかし)のように思っている者は多いがの」

「大人になってからも、何度も思い出しているのですね」

「君は、知らなかったかね」

　私も何年か参禅してきて、今は老師の言われる通りだと思っている。だが、長い間そのことに気づかなかったものである。

「多くの人が、幼児期の純真さは、大人になると無くなるように思っていますが」

「大人になってもな、我々が生きている大本の力というか、生きるための動機だな、それは幼児期の純真さに拠っているのじゃ。幼児期の自他一如の体験は、そんなに簡単なものではないのだ。人類がこの世界に現われて以来の、深い体験なのじゃ」

「ずいぶんに古い体験ですね」

「そうじゃ、太古からの体験だからな」

だれも、今自分が生きていることの動機が、そんなにも古い時代からのものだったなどと思ったことはないだろう。いや、むしろ未来に向かって、新たな道を拓(ひら)いてゆこうと志すところに、生きるための動機があるように思っている。

「現代人のどこに、そんな古い心がありましょうか」

「うーん、例えばじゃな、君らは大人になってからは何が一番楽しいことだったかな」

「一番楽しかったことですか」

私は以前、あるお寺で会社員の坐禅研修に参加したことがあって、そのとき和尚さんが同じ事をみんなに訊いたことを思い出した。和尚は「今までで一番楽しい体験は、何だったか」と訊いた。

各自に一枚の紙を与えて、今日までの人生の中で、もっとも楽しかったことを書けという。みんな、なかなか思い出せなくて苦しんだ。それでも会社員たちは三十分ほどもかかって、二、三行の文を書いて出した。名前は書かないで出した。それを和尚さんが披露して読んだ。聞いてみれば、みな家族と一緒に出かけて遊んだこと、友人と一緒にスポーツに励んで、試合で良い成績あげたことなどである。会社での仕事のことは、だれも一行も書いてなかった。むろん私も同様だった。家族と過ごすよりも長い時間を会社で過ごしてきたのに、みなそのことは一番楽しいことではなかったと思っている。そのことは、改めて思い返せば、おかしなことだった。

老師に、そのときと同じことを聞かれて、私はゆきづまった。ほんとうに心から楽しいと思われることは何だったろうか。急には思いつかない。仕方なく、

「やはり、坐禅することでしょうか。長く続けられていますから」

と答えてしまった。老師はすぐに、言った。

「嘘をついてはいかんな。お前は何年坐禅してきたのじゃ」

「もう、十年以上になると思います」

「十年以上も続くようなら、それはもっとも楽しいことではないからだな」

「エッ、長く続けられるのは楽しいからではないのですか」

私がそう答えると、老師は「フーッ」と嘆息された。

「楽しいことはいつか飽きるものじゃ。そうではないかね……」

そうだった。坐禅が楽しいから続けてきたのではなかった。むしろ苦しいことの方が多かった。「何のために坐禅しているのだろう」と、何度自分を疑ったか知れない。それでも止めないできたのは、苦しいとか楽しいとかいうことでは、まったくなかったか

らだ。

「坐禅してきたのは、苦しいとか楽しいとかいうことと無縁だったからでした」

「そうじゃろう。わしもな、楽しいなどと思ったことは一度もないな。禅を悟ったら極楽の境地を得るようにいう者があるが、みな大嘘じゃ。ほんとうに悟った体験がないから、そんな法螺（ほら）をいうて誤魔化している」

「そうですか？　禅を修行した人は、悟ると最高の境地になって、もう不安も悩みも苦しみもない、平和な心で一生を過ごせるようになるのだと思っている。そんな者は多いと思います。禅語にも『日々是れ好日』といいます。この言葉も、この意味でいわれたものではないのでしょうか」

日々がそのまま好日

茶道をする人は『日々是好日』と書いた軸物をよく床の間にかけている。むかしの禅の祖師が人生の真意を悟ってみると、日々を生きることがとても充実するようになった。それで、こんな言葉を遺したのだと思う。それなのに老師は、そうではない、悟って楽しいようにいう者は大嘘つきだと言われる。どういうことだろうか。

「ハ、ハ、ハ、茶人はこの言葉が大好きじゃな。だが、雲門の真意はまったく別のところにあるぞ。君らも知っておるように、これは雲門禅師（シナは唐代の禅僧）の有名な言葉だ。

ある日雲門が、たぶんその日は月の十五日だったのだろうと思う、雲水（修行僧）たちに訊いた。『十五日以前のことはもう過ぎ去ったから、汝らには訊かん。さあ十五日以後のことについて一句を言ってみよ』と。

昨日までのことは訊かん。今日只今以後のことで、もっとも真実なことは何か、一句で言うてみよと迫った。つまり、君らの今後の人生でもっとも楽しく充実することは何だと問うたのじゃ。するとみな、黙ってしまった。仕方がないので、雲門自身が自ら代わって答えられた。『一日一日が過ぎてゆく。それがそのまま好日ということだ』とな」

私は膝を打って、納得した。

「そうか、脚下を看よと言うことですね。今日ちゃんと生きておられることの、足元の幸せを忘れて、われわれはつい、明日もっと楽しいことが来ないかと願っています」

すると、老師は「イヤイヤ」と手を横に振りながら、言われた。

「だれも、この言葉をそのように解釈して納得している。だが、雲門の示された真意とは天地の隔たりがあるぞ。大間違いじゃ」

「エッ、違いますか。しかし、今日我々がここに生きておられるのは、過去無量の人々のご縁を頂いてきたお陰です。決して自分ひとりで生きてきた訳ではありません。あらゆるご縁の積み重ねの上に今の私になっています。ただ人間の縁ばかりではなく、あらゆる生きとし生ける物と、無量にかかわり合うことで、今ここに私になっています。ですから、存在することは不思議で、一つとして偶然がないように思います。

ここで坐禅してきて、今はそんな風に思うことができるようになりました。ですから、われわれはもう、今出会っていることの不思議を真摯(しんし)に受けて、ただ生かされてきたことに感謝してゆくほかないと思っています。ほかの宗教家や学者らも、みな、そう説いてきたように思いますが……」

「ウーム、しかしのう、よく考えてみよ。重い病気に罹って、今日明日に死なねばならぬ者はどうだろう。そんな理解で死んでゆけるのかな。突然の大地震や津波に襲われ、また戦場の砲火の中で死んでゆかねばならぬ者たちは、どうかな。飢餓で今にも死にそうな者もいるが、そんな好日の考え方で安心できるかな。今、愛する者を失った人の苦しみを、それで癒すことができるかな」

「………」

「人間は、人間の幸せの方からばかり見てこの語を解釈する。だが、この語を聞いて、人間の食べる喜びのために殺される牛や豚や鶏は、どう思うかの。『日々が是れ好日』などと説いても通じんぞ。もし答えられるものなら、彼らだって殺されぬ方が好日だと言うにきまっとる。どうじゃ、それでも、凡百の宗教者らの言うことが真っ当な答えと思うかな」

「いえ。それは……」

「そうだろう。ほんとうの禅者なら、そんな安易なことで物は言わんぞ。ただこの言葉は、全存在にかかわっているところの一真実を示しているのじゃ」

「一真実……ですか」

「そうじゃ。いつでも、どこでも、誰にでも、どんな事物にも、いかなる事象にも通徹しているところの、不変の一真実だ」

不変の一真実と聞かされても、今ひとつハッキリしない。そこで、また訊いた。

「いつでもとは、どんな時間でもということでしょうか」

「宇宙が始まる以前から、宇宙が終わる後までの、どんな刹那の時もついに外すことのない、いつでもということじゃ」

何だかとんでもない話の展開になってきた。「人間にとって一番の楽しいことは何か」という話だったはずだが、宇宙が始まる以前とか以後とか聞いても、何だか茫然とさせられて、想像することもできない。いったい「日々是好日」とこの問題とどうかかわるのだろうか。それに牛や豚や鶏の意見も知らねばならないとは、老師はいったい、何を考えておられるのだろうか。

そうだ、もともとこの話、老師が禅の道に入られたきっかけを問うたものだった。八〇を過ぎたお歳だから、忘れてしまわれたのかもしれない。私は、いささか不安になりながらも、更にお訊ねした。

「では、どこでもというのは、地球上のどこにあってもということですね」

「そうじゃがのう、だが、地球上の場所だけに限ったことでもない。火星でも土星でも何星でも、たとえ宇宙のいかなる星のいかなる場所にあってもだな」

「そんなに広大な範囲ですか」

「そうじゃ。この宇宙で及ばない場所などどこにもない、そういう一真実なのだ。もし地球上の場所にだけ通用するような真実なら、地球以外の星では、また別の真実が必要になる。どうかな、例えば地球では通用しても、他の星で通用しないというような真実なら、それはほんとうの真実と言えるかな」

「ウーン……」

滝の音は何ものが聴くのか

人間は深く考えて、物事の道理を究めてゆくことのできる高い知性を持っているが、宇宙にもそういう生物がいるのだろうか。それにもし、宇宙のどこかに人間よりも高度な生命体がいるなら、もっと高度な一真実を見つけているかも知れない。

また老師は、動物も喜んで肯定するような真実でなければならぬように言われるが、動物に一真実などいらないのではないか。そんな風に考えること自体、おかしいのではないか……。

あまりに老師の答えが的を外れているように思われて、私も思わず訊かずにはおられなかった。

「どう生きればより充実した幸せな人生になれるのか。そのことを思うから、人間は迷いながらも、真実を求めてきたのだと思います。それができるのは、人間だけです。動物はそんなことをほとんど考えません。ただ、本能にしたがって生きているだけです。もっともチンパンジーなどの猿の中に、少しは知的能力の高いものもありますが、それでも、人間の比ではないでしょう。

人生を考える能力こそは、人間を動物より優秀にしてきた理由だったと思います。それなのに、どうして老師は、動物にも通用するものでなければ真実ではないように言われるのでしょうか」

「そう思うかのう……。人間の求める真実と動物の生きることとはまったく関係ないことかな。わしは、動物だけではなく、植物にも昆虫にも、時には蛇のような爬虫類にも通じる真実でなければ、人間もほんとうには安心できぬと思うがな、どうだろう」

「蛇ですか……」

私は、蛇は嫌いである。人間が蛇と真実を一緒にせねばならないのなら、そんな真実は遠慮したい。

「そうじゃ、それだけではないぞ。山や河や大地や、木や草や花や、それに岩にも通じる真実があろう。それに、目に見えるものだけではないな。コレラ菌やらペスト菌などの悪い病原菌にも通じるのじゃ。いや、悪い菌だけではないぞ。食物の中で発酵すると美味になる菌もあるな」

「それと、人間の安心とどうかかわるのでしょうか」

「人間の安心などには、まったく拘（かかわ）らぬな。毛ほども縁がないのじゃ。だからこそ、人間にとっても一番の大安心になってくる」

「………」

人間の安心にまったく縁がないものなら、人間をどうして幸せにしたり充実させたりできようか。疑いでいっぱいになってきた私の思いなどには、それこそまったく縁がないように、老師は更に言い足した。

「人間は、人間だけの安心を求めて、他の存在者の安心することなど、露ほども思わない。そんな者がほとんどだ。だから結局、おのれ自身の迷いも尽きないでいる。多くの者が、心底安心できないでいる理由は、そのことが一番なのじゃ」

そうだ。私の一番の問題は、私が真に安心する拠り所を見出していないことだった。他の者が安心することではない。私自身が心底から安心してゆける心の拠りどころが欲しかった。生きても死んでも、この拠りどころさえ確認できれば、もう人生に迷うこともないように思う。その安心が見いだせないから、私は今日まで、生きることの意味をさがしてウロチョロしている。長年坐禅してきても、このことだけは、いまだ心からの納得がない。やはり老師のように、確かな悟りの体験がなければ、真に安心することはないように思う。だが、老師は特別に優れた方だから、禅の心を悟ることができたのだ。私のような劣った者が悟れる道ではないのではないか。

私はこのごろ、そのようにも思われて、実は坐禅することの意味も分からなくなっていた。

「私を安心させるものは、結局、私自身だと思います。私がどんなに苦しくても、その苦しみを他人は代わることはできません。楽しいときも、結局は、私一人が楽しいのであって、他人が私の楽しみを楽しんでいるわけではありません。生きるときも私が生きるのだし、死ぬときも私が死んでゆきます。そのほかに私の事実はないと思います。だから私は、人間はみな、一人一人は絶対の孤独の中で生きているのだと思います。多くの人がその事に気づかないのは、気づいたら怖いので、見ないようにして逃げているのだと思います」

私が勢いこんでそう言うと、老師は私の話など聞いていなかったように、急に訊かれた。

「フム。君は、あの音が聞こえるかな」

私は、思わず口を閉じた。

ここは山の中のお寺で、登ってくる途中に小さな滝があった。その水音が時々、ここにも聞こえてくるのである。今日は風の具合か、よく聞こえていた。

「はい」

「あれは何の音じゃ」

「滝の音ですか……」

「どうして、滝の音と分かる」

「いえ、あのようにドウドウと流れているのは滝の音ですし、ここに登ってくる時にも見ましたから」

「君は今、それをどこで聴いておるのかな」

「この部屋で聴いていますが……」

滝の音をどこで聴いているのかと訊かれて、私がそう答えると、老師は更に訊いてきた。

「いや、そうではない。君の身体のどこで聴いたかというのじゃ」

「えっ、耳で聴いていますが……」

「その頭の横についているもののことか」

「はあ……、そうですが……」

「それがドウドウと聴いたというのかね」

「はい……」

「そうかな……。耳はドウドウとは聴いていないと思うがな」

老師は何を言われるのだろう。耳で聴かないで、どこで聴いているというのか。もし滝の音がドウドウと鳴っていないなら、いま私が聴いている音は、幻だとでも言われるのだろうか。私が不審に思っていると、老師は更に問われた。

「ドウドウと聴いたように思っているのは、君の脳ではないかな。わしは人の耳というものは、もっと正確に響きを聴き分けているように思うがな」

「…………」

「実際の滝の音は、ドウドウでも、ザウザウでも、ゴウゴウでもザーザーでもないだろう。それらの音をすべてふくんだ上で、更に、言葉では尽くせぬ、その他もろもろの微妙で複雑な音もみな響かせているに違いない。われわれは自分の耳で正しく受けて、正しく聴いているように思っても、ただ脳のなかで滝の音はドウドウと鳴っているものと決めて、その脳が決めたドウドウの音だけで、滝の音を正しく聴いたように思う。君もそうではないかな、どうだろう」

「まあ……、そうかも知れません」

「ならば、そんな複雑で微妙なもろもろの響きを、たった一つの音にまとめて、ドウドウと聴いたというのは、君が脳の働きでそう決めたのだとしても、間違いはないな」

「はい……」

「滝がいま響かせているいっさいの微妙な音は、君の耳の方は、聴くことのできる能力の限りを尽くして、みな聴いているのじゃ。それを、ドウドウという音だけ聴いたようにしたのは、耳ではなくて、君の脳がそう決めたからだ」

知らないことを知っていること

　確かに、よく耳を澄ませてみれば、滝の音はドウドウといっているだけではなかった。そういえば、鶏は日本語では「コケコッコー」と鳴くが、英語では「クックドゥードゥルドゥー」だという。猫も日本では「ニャーニャー」と鳴くが、アメリカ人は「ミューミュー」だという。犬は「ヴァウワウ」だそうだ。

鶏や猫や犬の鳴き声が、外国では別の鳴き方をするということはないだろう。全世界同じ声で鳴いているのだ。ならば、動物の鳴き声が異なって発音されているのは、ただわれわれ人間の、脳のなかの聞き方の違いによるのだ。

「ドウドウと聴いたと思っているのは、私の脳の働きなのですね」

私がそう言うと、老師は微笑みながら私の眼の中を覗きこむようにして言われた。

「そうじゃろう。では君に訊くが、その脳は、いったい誰がそのように働かせているのかな」

「え……、私が働かせているのでしょう……」

「だから、その私が働かせていると思っているのも、君の脳の働きではないのかな」

「まあ、そうです」

「ならばじゃ、その私と思っている脳は、誰が働かせているのかと訊いておる」

よく考えてみれば、脳は私の思いだけに拠って働いているものではない。身体や手足の働きにも、私の思いとは無縁に働くところがたくさんある。血液が流れることや細胞の生き死にも、私の思いが決めているわけではない。みな初めから私の身体に具わってきた自然の働きによっている。だから、脳自体の働きは何がそうさせているのかと訊かれれば、脳はさまざまな情報に反応して自然に働いているのだ。私の思いだけで、自然に具わってきた働きをどうこうできるものではないだろう。

「それは、私は知ることができないのだと思います」

「フム、知ることができないか。では、自分が知ることができないことを、君はどうして知っているのだろうかな」

「……………」

私自身の知るところではないから、知らないと言っているのに、老師は何を訊いておられるのだろうか。

「ほんとうに知らないのなら、自分が知らないことも知らないのではないかな。知らないと言えるのも、何か知っていることの上で言われるのではないかな」

「そうでしょうか。ほんとうに知らないから、知らないと言えるのではないでしょうか」

「それなら君は、人間の身体に何十兆もの細胞があるのは知っておろうな」

「はい、そのように聴いたことがあります」

「その細胞が今日死ぬ物もあれば、いま新たに生まれる物もあって、全細胞がそんな生滅をくり返すことで、我々の身体が維持されておるそうじゃ。まあ、皮膚の表面の細胞が死んだ物が、垢だという。一週間も風呂に入らないと、ずいぶん出てくるがな」

「はい」

「我々の身体を作ってきた、この何十兆もの細胞の一々の働きようを君は知っておるかな。わしらが存在するためには、切っても切れぬかかわりがあるようだがな」

「いいえ、知りません」

「考えたことはあるかな」

「いいえ」

「どうして考えない」


私の細胞の一々がどう働いているかなど、私は考えたこともなかった。考えなくとも、生きることに支障がなかったからだ。

「今日をどう生きるかということには、あまり関係ないからだと思います」

「そうかな。初めから細胞のことなど、君は考えることも思いつかなかったからではないのかな。人が知りませんと言うときはな、必ず、そこに何か知っていることがあるものだ。だから知らないと言う」

われわれの身体は何十兆もの細胞（現在は約三七兆の細胞があるとされる）によって構成されている。それぞれの細胞はみな、五臓六腑のそれぞれの働きに応じながら、生じては滅し、滅しては新たに生じて、寸時も休むことなくくり返して、日々にわれわれの身体を今ここに在らしめてきた。細胞の働きこそは、人が生きるために必要な絶対条件だった。そんな大事なことを、私は今まで、ほとんど考えることなく生きてきた。ほとんど考えなかったのは、身体が本来もってきた自然の働きだから、わざわざ考える必要がなかったからだ。

しかし、確かに老師の言われる通りでもある。まったく知らないことなら、知らないということも言わないだろう。ではいったい私は、何を知らないと思っているのだろうか。

「私は、何を知らないから、知らないと言ったのでしょうか」

「アッ、ハ、ハ、ハ、ハッ」

老師は急に、腹をゆすりながら大笑いした。

「君は面白いなあ……。自分のことを人に訊くのかな。

しかしじゃ、自分が何も知らないということを知っていることが、実は、われわれが存在していることにとって、一番の大事なのじゃ」

「ええ、そう思います。だから、私もアレコレ迷ってきたのだと思います」

「いや、いや、そういう意味ではない」

「えっ?」

「君はさっき、滝の音をドウドウと聴くものは耳ではない、自分の脳だと認めたな」

「はい」

「その脳の働きを、何者がそう働かすのかと訊くと、君は私だと答えた。さらに、その私だと思うのは何者がそう思わせるのかと訊くと、それもまた、君の脳の働きに拠るものだと認めた。しかし脳も細胞の働きによるものだったな」

「はい……」

「だから、君の細胞がどう働いているかなど、君は今日まで一度も考えたことがなかったと言う。細胞の働きようなど、まったく知らないからだ。その知らないことがもっとも大事なことだと、わしは言うのだ」

「細胞の働きようを知らないことが、もっとも大事なことなのですか……」

「そうじゃ。君が何も知らないから、何の問題もなく充分に働いているのだ」

脳も知らないこと

人生をどのように有意義なものにしてゆくか、そのことが一番大事なことと私は思ってきた。人間はつねにそのためだけに、おのれの知性を高める努力をしてきたのだと思う。知性を限りなく高度に磨きあげてゆくことで、人間は優れた理性の持ち主になっていった。偉大な先人たちの叡智も、その結果ではなかったのか。

「大事なことは、自分の知性を高めてゆくことではないのでしょうか」

「ウーム、君はその知性を働かせても、ちっとも人生の真意が究められなかったから、ここに修行に来たのではないのかね」

「いえ、私は、祖師方のように優れた知性をもった者ではありませんから……」

「アッ、ハ、ハ、ハッ」

老師は、また、身体をゆすりながら大笑いされた。よほど私のことを愚か者に思っておられるらしい。私が何か答えるたびに、こうして大口を開けて笑われるのだ。

私がそう思っていると、老師はさらに言われた。

「いやいや、君がいう偉大な祖師方もな、始めはみな、君と同じように考えて、この道に参じてきたのだ。君だけが劣った者のように思うことはない。むしろ君などは、わしから見れば、わしよりもよほど頭が良い者だよ」

「そ、そんなことはありません」

「アッ、ハ、ハ、ハッ」

また、笑う……。

「さっき、考えることは、脳の働きだと認めたではないか」

「はい」

「君が優れていると思う祖師方だって、早くにそのことは認めてきたのじゃ。そして、どんなに優秀な頭脳を働かせても、ついに人生の真意は諦められぬこともな、とっくに認めてきたのじゃ」

優れた知性で人生の真意を諦められないのなら、どうして生きることの真意を悟られるのだろうか。老師はまた言われた。

「考えるときは、考える主（ぬし）、つまり、考えを働かせている主人公が、その前にいなくては考えることもできぬ。この道理は分かるな」

「ええ、まあ……」

「その前の主人公が、君がさっき認めた脳を働かせている。脳が働くことによってわれわれの考えはおこされてくる。しかしその脳の考えるという働きは、脳を在らしめている者によって動かされている。わしはその者を知ることが大事だと言ったのだ。だから、その者のことを君に訊いたのじゃが、君はちゃんと、そこは知らないと言った」

「はい」

「しかしわしは思うのだ。君に知らないという言葉が出るのは、もうそこに、何も知らないでも構わぬことを知っている者があるからだとな。そこが大事なところだ。脳の働きでそう答えたのなら、脳もそのことを知っているのだろう。ならば、脳はどうして君が知らないことを知っているのか。脳がおのれの脳のなかを探して、君が脳の働きのもとを知らないことを見つけたというなら、その探そうとした脳の働き自体は、どこからその智慧を得ているのか。脳自体も、脳を働かせるための智力がなければ、働くわけにはいかんからな。だが、脳もその智力のもとをまったく知らないのだったら、脳が言葉にして伝えようとしても、やはり『知らない』と言うほかにないだろう。つまり脳を働かせているもとの智力は、とても人間の言葉にできるような智力ではないのだ。脳ははじめからそのことをよく知っているのだな。だから君も、知らないと言うほかなかった。考えたことがなかったからではない。

　問題は、脳も知らないものが、どうしてさまざまに考える働きをするのかということだな。このことの理由（わけ）が明らかにされないと、根拠もないことを、勝手に確かな考えであるかのように言っていることになる。それはちょうど、土台がまったくない土地の上に家を建てたのに、それを確かめもせず、良き家に住んでいるように思っているようなものだな」

　老師の話は、私にはどうも難しい。とりあえず脳のことは置いといて、訊いてみよう。

「どうも今の話は、私には難しいようです。まずは、私の考え方をより深めてゆくことに努めてゆきたいと思いますが……」

「どんなに深く考えを究めていっても、その究めて至った考えが、君を真に安心させるかどうかは分からんぞ」

「いえ。ここで真剣に坐禅修行して、いつか真実のところを悟ることがあれば、少しは安心できるのではないかと思っています」

「アッ、ハ、ハ、ハッ」

またまた、笑われる。

「もし君がいつか、何らかの悟りを得たように思ってもな、恐らくは安心は得られんだろうよ。みな君のように思って修行している者は多い。それで、自分が修行して悟ったように思う者らはな、ほんとうには真に安心を得てないから、何とかおのれを誤魔化して済まそうとするのじゃ。まあ、おのれを誤魔化しているだけなら、まだ罪も軽い。だが他人にまでおのれの悟りが本物のようにいいなして、だます者がある。これは罪が深い」

「…………」

「君はいったい、坐禅して何か悟りを得れば、真実の安心を得られるように思っているが、どうしてそう思っているのかな」

「祖師方の言葉にも、そう説かれていますし、老師もいつも、そのような悟りの境地を説かれているように思いますが……」

老師は大きく手を振って言われた。

「バカなことをいうな！　わしはそんな悟りの安心など、まだ一度も説いたことはないぞ」

えーっ。いつも老師が説かれていることは、禅の悟りのすばらしい境地のことではなかったのだろうか。

「老師がいつも説いておられるのは、悟りの安心の境地ではないのですか」

「わしはまだ、そんな風に説いて人をだましたことはない。第一わしの悟りの境地など、わしのなかを探しても、はじめからどこにもないからな」

「エーッ、老師はまだ悟られたことがないのですか！」

「そうじゃ。だから、迷ったこともない。君は悟ったことがあるのかね」

「いえいえ、とんでもありません。まだそんな境地に至るほど修行していません」

「フン！　そんな安心の境地があるとして、もし君が死ぬまでに至らなかったら、どうするつもりかね」

「そのときは、自分が拙い者だったと思って、諦めるしかありませんが……」

「のんきな者じゃな。長いこと足の痛いのをがまんして、怒鳴られたり叩かれたりしながら、結局死ぬまで安心の境地を得られなかった。そういうことなら、せっかくこの世に生まれてきたのに、ずいぶん無駄な時間を過ごして終わったことにならぬかな」


私の資質が拙くて、ついに祖師方のような悟りを体験できなかったのなら、おのれが未熟のゆえと諦めて終わるしかない。ただ、こんなすばらしい生き方を説いた禅の道があったことだけは、知っていて良かったと思う。知らないで終わったなら、もっと悔いが残ったことだろう。

「でも、禅にすばらしい教えがあることを知っただけでも、知らなかったよりは良かったと思います」

「フン！　だから君たちは、いつもわしを悩まして止まんのじゃ。君たちのような者がたくさんおるから、わしは何とかして、安心の悟りなどをわざわざ得なくとも、君らがすでに安心をもっていることを知らせようと努めておる。ところが、わしがどのように説いても、君らは勘違いして、説くたびに、おのれの今の心のほかに、何か特別な安心の境地があるように聴いてしまう。つくづく、わしの能力不足を痛感しないではおられんのじゃ」

「いえ、老師の能力不足だなんて、とんでもありません。われわれの努力が足りないだけです。なんとも申し訳ないことです」

「なにを言うか。申し訳ないのはわしにではない。君自身にだろうが！」

だんだん老師の声が厳しくなってきて、私は思わず首をすくめた。

他の色がなくては、色の名前も言えない

しばらく老師は黙っておられたが、やがて言われた。

「われわれ人間は、だれか他人の考え方と比べなくては、おのれの考え方も決められないのだ。だから自分が知らないことでも、自分一人では知らないと言えない。だれか同じように言う者がいないかと、いつもキョロキョロしている。もともと脳も知らないことなのに、知ることができるかのように錯覚して、なにか修行していれば、いつか真意

を悟るかのように思う。その思いのもとがなにかといえば、ただ今のわが心を、人より劣ったものに感じていて、悟ってすぐれた境地にでもなれば、人もわが心のすばらしさを認めてくれ、讃えてくれるように思う。そんな思いが心底にあるものだから、いつもわが心の他に、別にすぐれた悟りの境地があるように思って、そこから、離れられないでいる。

だが、脳の働き自体になぜ考える働きがあるのか、そのことを知らない者なら、どんなに悟りを得たと思っても、そもそも思うところの根拠が、何も知らないところに立っている。どんなに悟りを得たと思っても、そんな悟りなど、土台のないところに家を建てたようなものだ。なんの価値もない。

しかしだな、ほんとうはみな内心では、確かな根拠などないことをよく知っているのだ。だから、おのれの考えをいうときは、みな他人の考えを持ってきて、あたかも自分が考えたかのようにみせて語っているのじゃ。だからある日、その他人の考えに何の根拠もないことが分かると、急におのれの生きる意味まで見失う。それで死ぬような思いになっている。そういうのを、いまは虚無に落ち込んでいるというな」

「自分の考えなどなくて、みな他人の考えたことを自分の考えのように思っているのですか」

「そうじゃな」

「自分だけで考えたものは、なにもないのですか」

「そんなものは、だれも持ってないな」

「でも、自分だけの独自な考え方もあるように思いますが」

「独自な考えとは何かね」

「だれの考えにも拠らないで考えたことです」

「君にそんなものがあるかね」

　だれかの考えに頼らないで、自分だけのオリジナルな考え方が私にあるだろうか。よく省みれば、だれかが先に考えたことに頼って、私も考えてきたように思う。

　私が黙っていると、やおら老師は言われた。

「たとえば、ここに赤い色があるとする。そのとき人は、赤の他にさまざまな色があることを知っているから、それと比べて、これは赤色だということができる。そうではないかな。もし、この世のなかに他の色がなにもなければ、赤色を見ても、何色とも判断ができないのではないか。どうかな」

「はい。多分そういうことになると思います」

「フム。それならば、この世の中が、もしすべて赤色の光のなかにある世界だったら、どうだろう。君は赤色という色が存在すると思うかね」

「いえ、赤色がもしあっても、まったく気づかないと思います」

「そうじゃろう。赤い水の中に赤い汁を入れたら、入れた赤い汁がどこにいったか分からなくなる。それと同じだな。世の中がすべて赤色世界なら、われわれはついに赤色だけは見ることが出来なくなる。幸いに空気が赤色ではないから、赤い色をちゃんと見ることができているがな。それでは君は、この空気はなに色だと思うかね」

「……、透明でしょうか」

「どうして透明だと分かる」

「なに色でもありませんから」

「そうだろうか。もしこの世界がすべて赤色の光のなかにあるとしたら、青色はなに色に見えるのだ」

「紫色でしょうか」

「では、今われわれに見えている色も、なに色かに染められた光のなかで見ている色かも知れんぞ」

我々は空気を透明なものと思ってきたが、もし空気と同色の色があったなら、われわれの眼はそれを確認することができない。空気が透明かどうかは、ほんとうはだれも分からないのだ。

「空気がなに色なのか。ほんとうは分からないのですね。他に比べる色があるときだけ、いま見ている色がなに色かを言うことができるのですね」

「そういうことだな」

「あー、分かりました。ほんとうに知らないことは、自分が知らないことも、気づかないのですね」

「その通りだ」

私の主体性とは何か

「なるほど、そういうことでしたか。ところで、老師は先ほど、人間のまったく知らないところが一番重要なことのように言われました。しかし、人間がまったく知らないことより、その知らないことを何とかして知ろうとするところに、実は人間の、他の生物と異なる優秀さがあったように思いますが、どうでしょうか」

「ふーむ。人間は確かに、考えて、何かを知ることでは、他の生物と異なっておるようだな。その考えて知るところが、君は人間の優れたところだと言いたいのだな」

「はい」

「わしには、考えて知ることは、単に人間という生き物に与えられた能力の一つだというに過ぎん。鳥には空を飛ぶ能力が与えられている。それと変わらないことだと思うがな。人間は考えることができる。鳥は飛ぶことができる。持っている能力に違いはあっても、どちらがより優れていて、どちらが劣っているというようなものではないと思うがの。それぞれに生存のための必要があって、備えられてきたのであろうからな。

まあ、しかし、人間には考えて知る能力があるところが、他の生物と異なっているというわけじゃ」

「ええ」

「ならば、その他の生物よりも優れたと思われる考える能力じゃが、君は、他人が君とまったく同じ考え方をしているなら、安心して生きられるかな」

自分だけが他人と違う考え方の中にいては、人間は安心して生きられないだろう。だれでもそうではないか。

「自分一人だけが他人とまったく違う考え方をしているなら、生きることも不安になると思いますが」

「そうだろうな。では、すっかり他人と同じ考えで、コピーしたように同じ考え方でいるなら、君は安心するかね」

「いえ……、それではあまりに自分の主体性がないように思われますが……」

「ふーん、君が言う、その主体性とやらは、他人にまったく理解されなくともよい主体性でもないようだな」

「はい、他人にまったく理解されないなら、私の人生はまったく孤独なものになります」

「さてさて、これは難しい問題じゃな」

「はい」

「いやいや、そういう意味ではない。他人とまったく同じ人生では嫌(いや)だが、だからといって、おのれ一人だけ他人と異なった考え方で生きるのは寂しい。他人に理解されないでは、孤独な人生になって、生きた意味がないように思う。そういうことだな」

「そうです」

「そこが難しい問題だというのだ。他人に少しでも理解されるためには、自分の中のどこかに、他人と同じ考え方がなければ通じないだろうからな」

「ええ」

「と……いうことはじゃ、君が言うところの主体性だが、それはどういうものかな」

「えー、ですから、他のだれでもない、私自身の個性から出てきたもので、私一人が持つ独自な……私の考えだけによる……、でも……、他人にまったく理解されない考えでも困りますから……。

老師、それでは、私自身の独自な主体性とは、いったいどういうものでしょうか」

「アッ、ハ、ハ、ハ、ハッ」

私の未熟な返答は、よほどおかしいらしく、そのとき老師は、白い顎鬚(あごひげ)をゆすりながら大笑いされた。

さて、老師は大笑いされた後で、言われた。

「個性だとか、主体性だとか、自分の考えとか、自分だけの生き方とか、人はみな簡単に言葉にするがの、ほんとうに分かって言う者は、ほとんどいないな。自分、自分と言いながら、その自分が他人から認められないと傷ついて、不満だらけになっている。それでいて、他人とまったく一緒では嫌だというのじゃ。

君らが他人（ひと）を知るところは、自分に興味があって、自分に理解できるところだけに限られている。だから自分に興味のないところ、相手がどんなに親しい者であっても、知ろうともせんのじゃ。本心は他人のことより、我がことだけを他人に認められたい。こればかりは、休みなく願っている。

だが、そんなことが実際、可能だろうか。そうではないだろう。他人も君と同じ体験のところがなくては、君のことを正しく知ることはできんじゃろう。そうではないかね。

しかし自分と他人と、まったく同じ体験をすることはできぬな。同じ体験をしても、みなその体験を我が心にとらえたときは、みな感じ方が異なってくる。ならば、君とすっかり同じ体験がなくて、どうして他人が君のことを認めてくれるのだろうか。

さあ、おのれの主体性というが、だれともほんとうには同じになれない心で、君だけの主体性というものが、あるのかな、ないのかな」

老師が言われるように、ほんとうにおのれだけの主体性をいうなら、他人とまったく同じものでは、嘘だろう。しかし、私が他人に認められるためには、他人も私と同じ体験がなければ不可能だといわれるのも、その通りだと思う。

考えてみれば、私は今まで、どんなに私のことを他人に認めてもらいたいと願ってきたか知れない。まあ、これは私だけの願いではない。みなそう願って生きているのだ。だれにも認められないような人生は、寂しくて、生きる意味もないように思う。

しかし、他人に認められたいと、日々そのことばかり願っている者が、おのれの主体性がないなどと言っても、そんなものは、主体性でもなんでもない。老師は笑われるが、たしかに笑うほかないようだ……。

存在の確信に触れるところ

自分は他人と違う者である。だからみな、自分だけの確かな生き方をしたいと願っている。だが反面では、多くの人々に認められる自分でありたいとも願っている。では私も、他人と同じような者になりたいと願っているのだろうか。

「結局、他人と同じようになることで認められていたい。私もそう願ってきたように思います」

「うん、そうだろうな。他人と同じように生きることで、他人にも認められている。そう納得できれば安心できて、おのれの主体性も認められるように感じているのだ。

　しかし他人に認められるといっても、できれば大多数とまったく同じように認められたいのではないな。ごく限られた世間で成功したような特別な者のように認められたいと願っている。もしそういう認められ方ができるなら、おのれの主体性を願う心も満足させられると、まあ、そういうところだろうな」

「ええ……、そうだと思います」

「できれば、少数者のすぐれた体験に、自分も並ぶことができて、そんな彼らと同じように認められたいと願っている」

「内心に、そういう思いはあります」

「大多数と同じ位に並ぶより、むしろ、少数者の選ばれた位に並びたいか。それも面白い心じゃな。思えば、わしもそんな心があって、この道に入ってきたところがあったな」

「老師も、他人に認められたいと願ってこられたのですか」

「おのれ自身の生きる意味をはっきり知りたいと思って、この道に入ったつもりだったがな。省みれば、それだけでもなかった。

他人と比べて自分が劣っているように感じてな、自信がなかった。いつも劣等感があった。だから内心では、なんとか人の上に出て認められたいと願っていた。その欲求が、修行に進ませたところもあった。いや、わしも始めは、そればっかりじゃったかな。ハッ、ハ、ハッ」

「老師にも劣等感があったのですか」

「うん、そういうことだ。もっとも、おのれの劣等感を克服しようとして頑張っているうちに、社会的に成功者になったという者は多い。劣等感がかえって前に進む力になったのだな。しかし劣等感は、ないに越したことはないがな。

問題は、独自な主体性があるかないかということだった。他人には認められたい。だが、他人と同じでは面白くない。しかしまた、他人とまったく異なっても、おのれ一人が孤独になってしまう。いったい、どこでおのれの主体性を持ってゆくのか。

この問題は、実は、とても大事なところだ。さあ、わしと君とは、いま存在することの、もっとも核心のところを話し合っているようだぞ」

「存在の核心ですか」

「うん、真実のおのれとは何かという、いちばん要のところを話している。だから、問題は元に戻るようだが、君は、自分を感じるときに、いったい、どのように感じているのかな」

「私が、何か感じることですか……」

「そうだな」

「暑いとか寒いとかを感じることでしょうか」

「そうじゃ、そのことだ。他にもあるかな」

「えー、何かを行動したときでしょうか……」

「たとえば、何じゃ」

「たとえば……、掃除をしたり、食べたり、飲んだり……、それから坐禅したり読経したりします。そのときも自分を感じています」

「そうかな。ほんとうに自分を感じているのかな」

「…………」

物と我とはひとつのもの

　当時、私は、老師の坐禅会に通うようになってから十年近くになっていた。できるだけ仕事の暇を見つけては、泊まり込みの坐禅会（接心という）にも参加してきた。だが、やはりわずかな坐禅体験で、老師の話を聞いても分かるものではなかった。だから、老師にこんな風に訊かれると、どう答えてよいか分からなくなってしまった。

　その頃、いっそのこと仕事を辞めて、本格的に修行生活に入ろうかとも思って迷っていたから、このときは、いっそう心に迫られた。

「フーム、ここの修行生活の全般をいうたな。それは、世間で仕事をしているときも同じだろうな」

「そうです」

「つまりじゃ、何かを行為しているときに、いつもそこに、自分がいることを感じているというわけだ」

「そうでしょうね……」

「では、何もしていないときは、どうなのだ」

「エー、そのときは、自分を感じることはないように思います」

「そうかな？　わしには山ほどあるように見えるがな……。まあ、そのことは後にしてだ、たとえば君は、グッスリと夢も見ないで寝ているときはどうだ、自分を感じているかな」

「いえ……、そのときは……感じていません」

「そうだろう、感じていない。だから、君が確かに自分が行為していると感じているときはだ、いつも目覚めていて、目の前に何か行為する対象物があったわけだな」

「はい」

「対象物を意識できないで、グッスリ眠っているときは、自分を感じてこなかった」

「はい」

「ならば、目に見える対象物が君自身を確認させてきたのだな」

「……、仕事をしているときや、何か他にやることがあるときは、そこに私がそこにあると知っています。見たり聞いたりしたときも、私自身をそこに感じています」

「ふむ、そうかな。では対象物がないときは、どうだ。見るものも聞くものも何もないときは、君は自分を感じるのかな。それとも自分のことは、何も感じないのかな」

「……何もないようなことは、ないのではないでしょうか」

「そうかな？　どうしてじゃ」

「この世のなかに、対象物がないところなどありません。私が生きている限り、つねに前に物があります。だから私が見たり聞いたりすることは、いつも山ほどあります。そこに物があるかぎり、私の感じる心も休みなく働いています」

「では、対象物がないのは、君がグッスリ寝込んだときか、あるいは死んだときだけなのじゃな」

「ええ……、まあ、そういうことになりますか」

「ふむ、何も目的がなければ、生きた気がせんと思う者は、たくさんいるな。生き甲斐がないなどと言う者がある。それがないといって、自殺する者もいる。確かに自分に対する物が見いだせないと、生きる気力も失うようだな」

「はい」

「しかしそんな者でも、物を食べているあいだは、死のうとは思わんだろうな。生きたいから食べるのだろうし、食べることで、自分が生きていることを感じるためだろうからな」

「はい」

「人間は目覚めているときに、たとえば自分に対する物がなくなって、何も見るものも聞くものもないようなら、おのれを感じることもできないという。さればじゃ、物があれば自分を感じられていても、前に物がなくなったときは、おのれの生き甲斐もなくなってしまうのだな」

「ええ、そのようです。しかし前に物があるだけでもダメなようです。何か物を使うことで、それが自分にとって意味のあることでなくては……、あっ、さっきの主体性の問題になりますか。物が自分の価値観で納得されないと、ちゃんと生きたように感じられないようです……」

皆と同じ生き方だけでは面白くないが、皆がまったく知らない生き方でもつまらない。人が知らないことをやっても、人も認めようがないからだ。このことは、この話の前でも話されたことだった。老師は答えて言われた。

「そうだな。君らはみな、対する物が前にあるときにばかり、自分を確認してきたのだ。しかしその確認のありようが中途半端だから、いつも他に求めて止まない。今確認している自分より、もう少し充実する自分が他にあっても良いと思うから、つねに不足を感じている。

ほんとうは、われわれは何の不足もなく物を見たり聞いたりしてきた者なのだ。それでもう、おのれがここに在ることは、すっかり足りているのだ。それなのに、まだ足りない、まだ足りないと思うのは、おのれに何が足りていて何が足りていないかを、真剣に考えたことがないからだな。

おのれがいま生きていることで、すっかり足りていて、そのまま、おのれの心の充実になってきたことに気づかないでいる。外にある物で欲しいと思う物があると、それを我が手に得られるなら幸せになれるように思って、つねに幸せを外にばかり求めて、内側にあるものを見ようとしない。つまり自分の内のことと外のことを別々に見ておるのだ。だからみな、外におのれの幸福を見ないと満足できないように思うのは、当たり前なのだ。多くの人に認められないと、自分の主体性がないように思うのも、自分と世界とは別々の物に思っているからだ。

しかしほんとうは、自分の心のうちに幸福がないと、外の世界にどんなに物があっても幸福と思えないのではないかな」

「外の環境に自分の欲しい物がたくさん具わっているなら、人は幸福に感じるのではないでしょうか。外に欲しい物があっても、それが自分の物でないなら、人生が幸せではないように思う。そんな人は、多いと思いますが」

「そう思う者は多いがな。物で幸不幸を思うのは、自分の思いでそう思っている。もし、自分の心にそう思わなければ、どんなに物があっても幸福とは思わないだろうし、どんなに物が不足していても、不幸とは思わぬな」

「物が先ではなく、心が先ですか」

「いや、物が先とか後とかいうことではないな。我と物は本来一如で、一つのことなのだ。まだ二つになったことはないのだ。ただ物に対して君の心がどう動くかということでは、心が先だな。まず心が動いて、われわれの世界が始まるのだ」

「物と私と一つなのですか?……、その意味はよく分かりません……。私と世界とは、私には別物と思われます。現に、老師は私ではありません」

「そうかな」

「はい」

「ならば、目をつむってみよ」

「目ですか」

不審に思いながらも、老師に言われて私は目をつむった。

「わしが見えるかな」

「いいえ」

「では、目を開けてみよ」

おずおずと目を開けた。

「わしが前におるかな」

「はい」

「それ見ろ、君が目を閉じたらわしがいなくて、開けたらわしがおる。君の心に映ったわしは、君とすっかり一つではないか」

「それはそうですが……、目をつむっていても、老師はそこにおられます。私と一つではありません」

「そうかな。もし君が、最初から目を閉じたままこの部屋に入ってきて、わしが居ることも知らずにそこに坐っていたとしたら、君は自分が目を開けるまでわしを見ないだろうよ」

「それはそうですが……」

「それでも、自分の心に映ったわしのほかに、別のわしがあると思うかな。目を開けた瞬間に、すぐに自分とわしとは別々の物と見たかな。そうではないだろう。別々の物と思う前に、まず君はわしだけを目に映していた。わしと一如になっていたのではないかな」

「……、私が見なくても、この部屋がなくなるわけではありません」

「君が見ないときは、この部屋が、いったい君に何のかかわりがあるというのじゃ」

「部屋は私が見たり見なかったりすることには関係なく、ここに在ります。世界もそうです。私と一つの物ではなく、別の物です」

「ふん、それは君がそう思っているだけでな。今まで君が生きてこられたのは、実際は君が世界と別物になって生きたことがないからなのだ。いま君が世界を思うときは、君の生きてきた経験のなかだけで見ている。君の経験を離れて世界を見たことは、君はまだない。だから君が世界のことをまったく思ってもいないときも、君が世界と共に在ることには違いないだろうよ」

宇宙の創成と私とのかかわり

　たとえ私が存在していなくとも、世界はちゃんとある。だから、世界と私とは別々の物であると、そう思ってきたが、老師は、私が世界を思っていなくても、私は世界と共に在るのだと言われる。世界と私とは一つの物で、私を離れて世界は無いからだと言われる。どうも、そのことがよく分からない。

「私が今ここに在るのは、過去の経験の積み重ねがあったからです。世界の歴史も、私が生きてきたこととまったく無縁とはいえませんから、そういうことでは、過去の世界と私が一つということも、いくらかはあると思います。でも、世界のすべてと私が一つということはないように思いますが」

「過去の経験というが、それは、いつからの過去のことかな」

「私が生まれてから、今日までの過去です」

「そうかな。そこに両親の過去は入らないのかな」

「いえ、むろん両親がなくては私も生まれませんから、両親の過去の経験もかかわっています」

「君の父母が出会って、結婚しなかったら、君が生まれなかった。そこには、両親が出会うための過去の歴史もかかわっていただろうな」

「はい」

「ならば、君の祖父母の縁も曾祖父母の縁も、君の生まれることにかかわっていたのだ」

「……そういうことになりますね」

「では、君が今日ここにあることに、過去のどこまでの先祖がかかわっているものかな」

「え……、先祖の積んできた歴史があって、我が家の現在に至っているわけですから、そのことを考えれば、私がここにあるのも、ずいぶん古い時代の先祖まで遡って、かかわっていることになります」

「ふむ、ではその古い時代の過去というものは、地球が始まる以前まで遡るとは思わんかね」

「地球の始めには、人類はまだ生まれていません。そんな遠い過去まではとても……」

「人類が生まれていなければ、われわれの生と地球の始まりとは無縁だろうかね。地球の生態系の長い積み重ねのなかから人類も生じてきたのだと思うがな」

「そうでした。地球が始まって以来の生態系の延長線上に、人類の誕生もありました。私の遺伝子のなかにも、地球創成以来の何かがあるのかもしれません」

「では、宇宙はどうじゃ。君にかかわっているかな」


地球が生まれたのは、今から50億年以上も前だと聞いたことがある。その地球が生まれたのは、宇宙に何らかの条件が生じた結果だろう。地球は宇宙とつねにかかわりあって存在してきたものである。ならば、その地球に生まれた私が、今ここに存在することに、宇宙の縁もかかわってきたということはいえるだろう。

「宇宙も、かかわっていると思います」

「地球創成以前の大昔の時だけではなく、今日ただ今にも、如実に宇宙はかかわって、われわれ個々に及んでいる。地球が宇宙の働きに左右されて自転公転しているものなら、そのことに大自然も全人類も無縁で存在していることはあり得ないだろうからな」

「そういうことになります」

「目には見えぬし、身体に宇宙を実感することもないが、刻々の時につねにかかわっていることだけは、確かなようじゃ。君は実際、どこでその宇宙の働きを実感してきたかな」

「はい……。たとえば朝太陽が昇ってきて夕方に沈んでゆく。そのあとで月が出たりすることでしょうか」

「ふむ。それだけではないぞ。そこの庭の草が揺れるのでさえ、宇宙とかかわっている。地球上のどの場所の自然も、地球が宇宙と関係していることに無縁ではなかろうからな。地球の自然環境と宇宙環境とは、互いにかかわりあいながら、この大宇宙のなかで位置してきたものだ。だから、君がここに存在することに宇宙がかかわっていることも、間違いない事実だろうな」

「はあ……」

「さて君は、その宇宙と君自身とがかかわってきたという事実を、どう確認してきたかね」

「どうと言われても、姿かたちが見えないのですから、言いようがありません」

「でも、はっきりとかかわってきたことだけは、確かだな」

「ええ」

「おかしな話だな」

私が存在することに、全宇宙の働きがかかわっていると分かっていても、それをどう確認してきたかと訊かれては、答えようがない。

「ここに確かに生きていることとしか言えません」

「なぜ言えんのかな」

「……、実体が見えないからです」

「さっき、確かに宇宙がかかわっていると納得したのに、どうして実体が見えないのかな」

「…………」

「分からんかな、宇宙と君とが二つに分かれていないからじゃよ」

「一如になっているからですか」

「そうだ。君の眼や耳や体と同じでな。一如になっているものは、だれもその働きを意識上に取り出して見ることはできん。それでいて、その在ることだけは、よく知っているだろうよ、君の手や足が、他人の物ではないことをな。

　それと同じで、宇宙の働きもすっかり自分のものとして使っているから、取り出すことも見ることもできぬ。もし取り出したり見たりすることができるようなら、宇宙と君とはかかわり合わぬ、別々の物ということになるな。しかも別々の物なら、君自身のものではないから、君は宇宙の実体が見えないということすら、ほとんど知らないで済ましているだろう。われわれが宇宙に興味を持つことも、ついに無かっただろうよ。しかし、もし君が宇宙とまったくかかわり合わぬ存在なら、地球とかかわることもなくなるから、つまり、君はここに存在することもできないことになるな」

「一如になっているときは、だれもそれを見ることはできないのですね」

「人が宇宙を知ったときは、もうその宇宙は、人の頭のなかだけで見て、知った宇宙で、実際の宇宙とは別物になっている」

「普通に考えられていることと、何と違うことでしょう」

「いやいや、むしろ普通に考えられていることの方が、普通ではないのだ」

「そういうことに、なりますか」

おのれは取り出して見られない

「君は、あの松の木が見えるかね」

「はい」

老師が急に、そう訊ねられるので、私は開いた障子の方に目を向けた。老師が日ごろ住んでおられる庵には、小さな日本庭園が造られていて、縁側からも出られるようになっている。

庭を囲んだ白塀の先は、鬱蒼とした森が麓にむかって斜面をなし、そのはるか東方には湖が垣間見える。

この山全体が「帰雲山」と呼ばれるので、老師のことも「帰雲老師」と呼ばれるようになったという。帰雲山中の随所に、修行者用の施設やお堂が建てられていて、山全体が一つの修行道場になっている。ここには今、五十人以上の僧や在家の人々が集まっていて、日夜に修行に励んでいる。

庵は八畳の部屋が二つと、台所と東司（便所）だけの小さなものである。庭の広さは三十坪（十五畳の広さ）ほどだろうか。その一隅に苔むした大石が三つ置かれてあり、その後ろに一本の松の木が植わっている。

「あの松の木と、君とはどれほどの距離があるかな」

そう訊かれて、私は不審に思いながらも目測してみた。

「十メートルほどでしょうか……」

「うん、では君が自分と思っているその自分と、君自身とはどれほどの距離があるかな」

「えー、お訊ねの意味が、よく分かりませんが……」

「つまりじゃ。君がいま自分と思うだろう。すると、それは自分と思った者を君自身の主人公から離して見たのだ。そのように離して見る働きをなしている主人公が先になくては、自分と思うこともできないだろうからな。さあ、その主人公と、いま見た自分という者との距離だな。それは、どれほどかな」

「………」

「さっき、わしらは、一如になっているときは見ることができないと納得したな」

「はい」

「ならばじゃ、君が見ているあの松も、もう君から離してみている松なのだ。君と松と一如になったものではない」

「そういうことになりましょうか……」

「うむ。だから君が自分と思うときは、あの松の木を見たのと同じでな、君も自分を、自分の主人公から離して見ているのだ。自分の身体のなかの働きだから、自分と思ったときは、それがそのまま自分自身を直に見たように思う。だが違う。主人公の自分から離して見たのだ。自分が直に自分を見たかのように思っているが、違うのだ」

「私が自分と思うときは、私自身を直に見たものではなくなっているのですね」

「うん、君が思うからそうなってしまう。思わねば、いつも直に出会っているものだ。松を見ても、思わぬときは、いつも君と松と一如になっている。だからそのときは、わざわざ松を見ているとも思わない。願う必要がないのだ。松をちゃんと見ていることには間違いないからだ」

「それは、さっきそう納得しましたが……。実際のこととなると、なかなかそうはなりません。やはり松と自分と別々に見えてしまいます」

「では、君の命はどうかな。いったい、どこに君の命を見るかな」

「見ることはできませんが、ここにあることは知っています」

私は胸を叩いて、答えた。

「ふむ。もう自分から離して、思いの上で見た命になった。命の形はどんな形だろうな」

「命に形はありません」

「そうか。では、重さはどうだ」

「重さですか……。六十三キロでしょうか」

「ハ、ハ、ハ、それは、君の肉体の重さじゃ。命の重さではなかろう」

「あの……命の重さ……というようなことは言えないようです」

「そうだろうな。では大きさはどうだ」

「大きさと訊かれても、それも言えません」

「なぜ、言えぬ」

「それは……、命は姿も形も大きさも見えないし、重さもはかることができないからです」

「だが在ることだけは、確かだな」

「確かです。私がここに生きているのですから」

「そうだ。ではなぜ、その確かにあるものが見えないのか」

「つまり……、命も私と一如になって働いているからですね」

「そうだ。真実として直に確かに在るものは、いつも取り出すことも見ることも言うこともできないのだ」

知ることには非ず

では……、真実の私とは、いったいどんな者なのか。自分のことを知ったように思ったら、もう真実の私ではないのだ。真実の私をちゃんと確かめたことがないのに、よくも今日まで無事に生きてこられたものである。

「老師、ほんとうの私自身は、どう見つければよいのでしょうか」

「うーむ。それこそ肝心要(かんじんかなめ)の問いというものだな。

私と思えば、もう私から離して取り出したものになる。つまり意識上で把握した架空の私というものだ。仏教ではそれを幻化(げんけ)というな。幻化のおのれじゃ。ではおのれは幻(まぼろし)で実体がないのかといえば、確かに自分がここに生きておる。頬を叩けば、自分の頬が痛い。他の誰かが痛いわけではない」

「はい」

「おのれとは、自分と知っている者でもないが、まったく知らない者でもない。一度も自分から離れたことがないから、取り出すこともできぬ。実に親しく共にしてきたおのれなのに、そんなおのれの真実の姿が分からない。まだ死んではいなから、確かにここに生きておることには違いない。それなのに、実際は、おのれとは何かということが、よく分かっていないというわけだ」

「はい」

「なんとかおのれを確認しようとして、結局、幻化のおのれを見てきた。それを、実際の自分を見たかのように思ってきたから、つい君のように問わざるを得なくなる。これは君だけの問題ではない。大半がみな、そのようなのだ」

「はい」

「では、そんな風に、おのれとは何かと確めようとする前は、君はいったいどこにいるのかな」

「……、ただ、ここにいます」

「いやいや、そうではない。君が自分をおのれと思っていないときは、君自身を在らしめている主人公は、どこに在るのかと問うたのだ。ここにいると言ったなら、もう思っている自分になるからな」

「それは、無意識のときの私ですか」

「ハッハッハ、無意識というのはな、死んでいるときのことをいうのじゃ。生きているときは、つねに意識が働いておる。しかしあれこれ余分なことを意識しないでもな、君がちゃんと生きているところは、実は山ほどあるぞ。いや、むしろその方が多い。それはどこにあるのかな」

「寝ているときでしょうか」

「寝ているときもそうだが、起きているときも山ほどあるな」

「では、なにかに夢中になっているときでしょうか」

「そのときもそうだがな、夢中でないときも、ちゃんとあるな」

「私が何も余分なことを意識していないときでしょうか。そのほかにないと思いますが」

「そうではないぞ。君が意識したりしなかったりにかかわらぬところだな。そこでは、君はちゃんと真実を使って生きているぞ」

「……どうして私は、そういうところを知らないのでしょうか」

「いや、知らないのは一如になっているからだということとは、君はもう、わしと一緒に確認してきたたな。だから言うのだが、ほんとうは、知るでも知らないでもない。ただ知ることには非ずなのだ。命の真実の在りようは、有るでも無いでもない。ただ『非ず』というほかにないのだよ」

「……」

「赤ん坊のときの、物心つく以前には、そういうところもあったように思いますが

「そうだろうな。ならば現在にも、物心つく以前があるということだな」

「赤ん坊のときの心がですか」

「そうじゃ」

「現在は、赤ん坊のときの心ではないと思いますが」

「そうかな……。君が歩くとき、足はどのように思って一歩を踏み出しているのかな」

「え……、たとえば右足を出そうと思って踏み出します」

「そうかな。ではそのとき、左足はどうしようと思っているのだ」

「左足は……、あー、まだ考えていないと思います」

「気がついたら、右足につれて左がついてきたわけだ」

「そう……ですね」

「そうやって左右の足を使いながらこの山まで来たわけだな。しかし、左、右、左、右と、いちいち足の動かしかたを意識しながら歩いてきたわけではなかろう。足を左右に交互に出していることなど考えもしないで、気づかないまま歩いてきただろう。第一、いちいちそう意識しながら歩いていたのでは、ここまで来るのも容易ではない」

「ええ」

「ならば、そのとき足を自在に運ばせて、少しも不自由なく歩かせてきた主人公も、そこにいたな。さあそれは、いったいどこにいたのかな」

「それは、あの……」

「なにか答えれば、もう君自身から離して見たものになるぞ。幻の君になる。だが答えねば、君をここに歩かせてきた主人公のことが分からぬ。さあどうだ、そのとき、主人公はどこにいるのかな」

「それは……。口では言えません」

「どうして言えぬか」

「つまり、主人公と足とが一如になっているからでしょう」

「さあ、そのように歩いてきたときは、君が生きるのに、なにか不足なことがあっただろうかな」

「歩くことに不自由はしませんでした」

「そうだろう。では目も耳も口も身体も、君の心臓も肝臓も、きみを在らしめている主人公と一如になって働いているから、いまも不自由なく働いているわけだ」

「そういうことになります」

「では、どうして人間は病気になるのだろうか。使っているということを、わざわざ意識していなくても、なに不自由なく身体を使っているのに、どうして病気になって、時々に不自由な思いをすることになるのだろうか」

「身体の使い方が悪いからでしょう」

「どうして、悪い使い方をしたのだろうか」

「えー……、つまり自分勝手に使ったからでしょう……、そうです、自分と身体と一如になっているときは、なんの不足もないのに、身体を自分の思い通りにしたいと、自分が勝手に一如から離して使おうとしたからです。一如から離して使おうとすると、身体も心も不自由になってしまうのです。だから病気にもなるのです」

だれも偽りで生きた者がない

私は今まで考えたこともないことに、急に気づかされて、驚きながらそう言うと、老師はまた、さらに驚くべきことを言われた。

「その通りだがな、われわれは、かって一度も、偽りに働いたことがない。だから身勝手に一如から離れて病気になったようでも、それもまた、一如が真実に働いたことの証なのだな」

「えっ、一度も偽りになったことはないのですか」

「うん。われわれは真実から外れたことはない。だれも偽って生きたことがない。いや、もし生きることに偽りがあったなら、われわれを初めとして、世の中のいっさいのものは、この世に現れることもできなかったのだよ」

「老師、自分を見たと思ったら、もう幻の自分を見たので、それを実の自分と思ってしまったら、偽って生きている者になる。それは分かりましたが、だれも偽って生きたことがないとは、どういう意味でしょうか。人間は嘘ばかりついて生きてきたように思いますが……」

「フーム。では君は、犬が偽って生きていると思うかね」

「犬ですか」

「そうじゃ。世界中の犬で一匹でも偽って、他の犬の前で、自分が犬でないように嘘をついて生きるものがあろうかな」

「それは、ないと思います」

「猫はどうじゃ」

「猫も嘘はつかないと思います」

「牛や馬はどうだ」

「牛や馬も同じでしょう」

「では、草木はどうじゃな」

「アノー、草木は嘘をつかないも何も、初めから思いがありません」


植物は人間のように思うことはないが、お百姓さんが毎朝、元気で育てよといいながら見て回った田圃（たんぼ）と、そうしなかった田圃とは、稲の育ち方が違うと聞いたことがある。植物は、なにも思わないかも知れないが、何か人の真心を受けるものはあるようだ。

「ウン、犬も猫も草や木も、むろん花や虫や魚も、それから鳥もだな。皆、与えられたままを嘘偽りなく生きて、真実になってきたというわけだ」

「そうでしょうね」

「世界中の生物は、皆、天から与えられた能力のままに受けて、正直に生きておるな」

「はい」

「山や河はどうだ。偽って山や河になっているかな……」

「それは、山や河だって偽らないでしょう」

「山や河も偽らぬ。動物も植物も昆虫も魚も偽って生きることはないとな」

「もし偽って存在するようなら、ここの景色もとても不自然なものになるでしょうね」

　私が縁側から見える景色を、ぐるっと指さしながら、そう言った。

「そうだろうな。では、人間だけが偽って生きているのだな。この地球上に存在するもののいっさいが、皆、偽りなく存在してきているのに、そのなかの人間だけは、嘘をついて生きているのだな」

「ええ、そのように見えますが。いったい、どうしてでしょうか」

「よく考えてみよ。人間の周囲にある自然は、みな真実に生きているものばかりなのに、そのなかで生きる人間だけは、つねに嘘をついて生きているように見える。しかし、実際としてそんなことが可能だろうか。

　いったい、地球上に存在するもののなかでは、人間はどれほどの量があるものだろうか」

「今は七十億以上もいると聞きました」

「お釈迦様はあるとき、大地の土を親指の爪先にすくって見せて、弟子に聞いたという。『この爪先の土と、大自然にある生き物と、どちらが多いと思うかな』と。弟子が、『大自然の生き物の方がはるかに多いです』と答えると、釈尊は、『われわれが人間に生まれることは、この爪先の土ほどにも希(まれ)なことなのだ』と言われたという。

わしはな、この山中に住む蟻がどれほどいるかと思うことがある。たぶん億を超えような。だから、世界中の蟻の数をいえば、もう計ることもできぬ無量の数だろうよ。その他の生物の量もそうじゃ。どうだ、人間の量など、この地球上の他の生物の量と比べれば、わずかなものではないか」

「なるほど、そうですね」

「だから、地球上に無量に存在するいっさいが、みな嘘偽りなく真実に存在しているのに、そんななかに生きる人間だけが、嘘をついて生きられると思うかね」

「そううかがえば、できそうもないようにも思います」

「そうだろう。もし、まわりがすべて真実に生きているのに、そのなかで一人だけ嘘をついて生きねばならないようなら、だれだって生きておられないぞ。だから、人間も嘘をついて生きたことはないのだよ」

「…………」

「それでも、人間は嘘ばかりついて生きているように思うだろうな」

「ええ」

「確かに、人の思いは嘘をつく。しかし、われわれが生きるところには、一点の嘘もない。眼も耳も鼻も口も手も足も、嘘をついては働けないからな。君は赤い花を見て、青い花とは見ないだろう」

「ええ」

「滝の音を、カーンカーンとは聞かんだろう」

「はい……」

「眼も耳も真(まこと)が働いている証拠だな」

「はい」

禅の言葉に「花は紅(くれない)、柳は緑」という言葉がある。確かに目は花を紅と見、柳は緑と見ても、その後ですぐに、美しい花とか、そうでもない花と思うのは、人間の勝手な思いである。柳や花に美しくなろうとか、汚くなろうとかする思いはない。季節がくれば柳は偽りなく緑の葉を芽吹き、花も偽りなくさまざまな色で花開く。

「人間も嘘をついては生きられないのですね。真実でしか生きられないのですね。それなのに、どうして偽りの人生のように思いなしてきたのでしょう。われわれの思いが、自分をそう錯覚させているのですね。この錯覚を無くすためにも、自分の思いをもう一度、深く省みる必要がありますね」

「そういうことだ。もしよく省みて、みなほんとうは真実に生きていたことを納得するなら、もう互いに殺し合うような醜い争いも、しなくて済むのだがな。牛の瞳に映った青い空は、だれがのぞいて見ても、まだ曇って見えたことはないのだからな」

そう言われると、老師は黙ってしまわれた。私との対談は終わったのである。

その後、老師は八五歳で亡くなられ、当時、帰雲山の禅堂で修行していた人たちも各地に去っていった。今は後を嗣がれた愚庵（ぐあん）老師が指導しておられる。

私も三七歳の時に職を辞して、愚庵老師について出家した。以来、三十年以上になる。だがこの頃、帰雲老師のことが思い出されてならない。対談をさせて頂いた当時、私は老師の言われることがほとんど分からなかった。老師の禅の境涯がどれほどのものかも、まったく見当がつかなかった。老師は、最晩年になって些(いささ)か世に知られたが、生涯の大半は無名のままで過ごされた方であった。

第五章

大いなるかな心や

大いなるかな心や

栄西禅師（鎌倉時代の禅僧）は、心は無限に大きなものだとして、次のように説いたことがある。これもまた「非ずのこころ」を、別の言い方で示したものである。

「大なる哉、心や。天の高きは極むべからず。而るに心は天の上に出づ。地の厚きは測るべからず。而るに心は地の下に出づ。日月の光は踰ゆべからず。而るに心は日月光明の表に出づ。大千沙界は窮むべからず。而かるに心は大千沙界の外に出づ。其れ太虚か。其れ元気か。心は即ち太虚を包んで、元気を孕むものなり」（『興禅護国論』巻頭の語）

（心ほど大きいものはない。天の高さは極めることができない、しかも心は更にその天の上に出ている。地の厚さは測ることができない、しかも心は更にその下に出ている。日月の光は超えることはできない、しかも心は日月の光の外に出ている。全宇宙の大きさは窮めることができない、しかも心は大宇宙の外に出ている。それは太虚と言うべきか、元気〈気の源〉と言うべきか。いや、心は太虚を包み込んで元気をいっぱいに満た

していものだ）

栄西禅師はおのれの心に、宇宙をも包み込んでしまうような無限の大きさがあることを見出した。どこにそんな大きな心があるのか。たとえば春になると、世界中の草木が芽を出し始める。草木のどこに、そんな芽を出すための力が具わっているのか。むろん草木のどこかに姿かたちを見せているわけではない。だが草木が春を感じて芽を出し、徐々に葉や蕾を開かせてゆくのは、どこかにそう為そうとする力が働いているからに違いない。地中に眠っていた種も、少しずつ顔を出してくる。どんなに小さな種でも、大地の栄養分を吸収したり、太陽や水や炭素を取り込んだりする力を持っている。そこには、われわれの思いや、計らいを超えた無量の力が働いていると気づかねばならない。大自然に生きるどんな命にも、生きるための無量の力が働いている。むろん人間も大自然の一部として生まれてきた者なれば、草木や種と同じ生きる力が及んでいることには違いない。

自らの生きる力は、また他に生かされてゆく力でもある。この力、見たりつかんだりできるような具体的な姿形をもったものではない。だが、いっさいを生み育くむ無量の働きとして、どんな生命体にも具わってきた。

栄西禅師はわれわれの心にも、この生きる力と同じ無量の働きが及んでいると見た。それで「大いなる心や」と呼びかけたのである。この心が天の高さも地の厚さも、日月の光も大宇宙の大きさも超えたものだといったのは、天や地や光や宇宙が存在することの外に、別に働いている心がなくては、天地も光も宇宙も存在してこなかったことにも気づかされたからだった。それで「心は即ち太虚を包んで、元気を孕むものなり」と言ったのである。「太虚」とは宇宙の無限空間のことである。「元気」はその宇宙を在らしめている根源の創成力である。

オギャアと生まれ出たとき、われわれにはまだ自分という自覚はない。だから、むろん他人という自覚もない。自他の思いはまだ生じていない。ではそのときのわれわれは、いったい何者だったのか。ただ人間の赤ん坊という者だったが、それだけではなかった。両親に至る先祖代々に連なる者だった。千年万年以前からの先祖の無量の血縁に連なってきた者であった。しかも、そんな過去無量の先祖の血縁に連なる者たちが、みな必ず子供を産んできたから、今ここに一人の赤ん坊となって生まれてきた。この無量の産む力も、やはりその外に産ませようとする別の力がなくては、産むこともできなかっただろう。だから個々を産む力の、さらにその外に働いている根源の創成力のことを、栄西は「大いなる心」と呼んだのである。

われわれは一般に、心は感情的な思いや、知性的な考えを起こさせるもののように思っている。天地や光や宇宙や産みの力とは無縁のように思っている。しかし、心を働かせる力がどこから生じているか、その働きの源をよくよく究明してみれば、やはり天地や宇宙や光を在らしめているのと同じ力から生じていたことが、自ずから知られてくる。

ただ「大いなる心」は、それが働いていることは何となく納得されても、見ることも知ることも思うこともつかむこともできないのである。われわれは内心では、その在ることは何となく予感してきたものである。だから、人間の感覚や意識上で感情や言葉に変えることで知ろうとしてきた。ところが知ろうとすればするほど、心から離れてゆくような気がしている。われわれはどんな心の働きも、意識上で言葉化して人工的に知るほかにないからである。それで「大いなる心」の働きようは、直には、ついに人間に限定された意識上では確認できないでいる。もし確認しえたと思っても、人間の捉え方に限定されたものだけになって終わるのである。

むろん、人間以外の生き物もまた、それぞれ個々の習性に限定された捉え方をしている。人間とはまったく異なった性質を使ってではあるが、個々の習性に限定された生き方をしていることでは、同じである。たとえば犬や猫や牛や馬は、直覚と記憶だけで生きているように見える。蜻蛉や蝶々や魚もそうである。みな人間のように意識上で言葉化して相対的に捉えることがないから、大昔からほとんど変らない習性のままに、今日も生きているのである。

いっさいを新たになしてゆく

「大いなる心」は、われわれの感覚や意識を働かせている基本の動力（主体）である。それでいてまた、われわれの感覚意識の外(ほか)に働く心でもある。それはちょうど自動車とエンジンの関係に似ている。自動車の構造や装備と、エンジンとは別物である。しかもすべての構造や装備は、エンジンによって生かされるように造られている。エンジンが働かなければ、どんなに精妙な構造が組み込まれ、高級な装備が施されていようとも、これらはみな無意味にされる。

　それはちょうど、われわれの心と眼耳鼻舌身意（げんにびぜつしんい）の六官の在りように似ている。心と眼耳鼻舌身意とは、別々の物である。しかし心が働かねば六官がどんなに健康に具わっていても、正しく働くことはできない。意とは意識器官のことである。五感で受けた情報を意識上で確認する働きをもつ。たとえば耳が鐘の音を受けて、それが小さな音なら「遠くで寺の鐘が鳴っている」と聞くのは、意識がそう判断したものである。耳が判断したのではない。それが大きな音なら「すぐ近くで寺の鐘が鳴っている」と聞くのも、意識がそう判断したので、耳が判断したものではない。このように耳の働きと意識の働きは別々のものだが、その別々の働きを意識上で統一させて、寺の鐘の遠近を判断させているものが、心である。

　われわれの耳が音を受けるときは、意識で判断した音以上の音も受けている。それを意識がわれわれの個人的感覚に合うように統一して、適当な音にして聞かせている。

　以前、五、六歳の子供から「あのベンベンという音は何か」と聞かれたことがある。私が「どこで鳴っている音か」と訊くと、すぐ近くの屋根先につるしてある風鐸（ふうたく）を指さした。風鐸は風に揺れて鳴っていたが、私はそれが「カンカン」と鳴っているように聞いても、「ベンベン」とは聞いていなかった。子供に言われて、改めて聞き直してみると、なるほど「ベンベン」という音にも聞こえる。いやむしろ「ベンベン」の方が、より風鐸の音に近いことに気づかされた。私が意識上で勝手に、鐘の音は「カンカン」と鳴るものだと思い込んでいただけであった。鐘の音の本来の音は、耳は正しく受けていても、意識は私の思いに合わせて受けている。私に必要でない音は、聞かなかったことにして済ませているのである。

このような意識の調整作用は、しかし耳だけに限った働きではない。眼にも舌にも鼻にも身体にも同じように働いている。この調整作用を主導している主催者が、「大いなる心」である。

地球上に現れている自然現象は、実際は、人間の能力をはるかに超えた厳しいことばかりである。それを人間の六官機能に適当するように取捨選択して調え、それらを統一させて、人間が地球上でも生きられるように調整してきたものが、「大いなる心」である。

この心の働きは、「非ずのこころ」でもある。つねに五官より受けた情報を、即座に無にしては、また新たな情報で自己統一させている。そうすることでわれわれの命を、つねに活性化させているのである。

私は今、縁側で庭の木々の葉っぱを見ている。そして「緑の葉っぱ」が風に吹かれて揺れていると思っている。だがいつもは、「緑の葉っぱが揺れている」というようなことを、わざわざ思うことはない。ただ葉っぱを眺めているだけの方が多い。しかしそんなときでも、まだ緑の葉っぱを「赤色の葉っぱ」と見間違えたことはない。たとえ赤色に見たいと思っても、眼はちゃんと「緑の葉っぱ」と見て誤らない。眼の見る働きと葉っぱの色を識別する働きとが、私の意識上では正しく一如になっているのである。

われわれが物に対した刹那は、つねに物と一如になっていて、心にはまだ何の他の思いも生じていない。だから眼に緑の葉が飛び込んでくると、即座に見る働きのすべてが緑の葉っぱとなり、心も即座に緑の葉っぱになっている。これを「一如（いちにょ）」という。外界の物とわれわれの心は、出会った刹那は、つねに一つになって出会ってゆく。我と彼、是と非、好きと嫌いというような二つに分かれてみる分別意識は、まだ始まっていないのである。これをまた「三昧（ざんまい）（一心に集中した状態）」という。

意識が分別となって働くのは、心が一如になって受けた、その後である。無論、意識も正しく「緑の葉っぱ」と捉えて、間違って捉えることはない。その意識を分別させて、あれとこれ、良いと悪い、好きと嫌いなど二つに分けて、私の個人的な思い方のうちに捉え直そうとするのは、意識が正しく捉えた、さらにその後のことである。

たとえば頭に、急に何物かがぶつかった時のことを思い出してみれば、このことは明らかに知られる。ゴツンとぶつかった瞬間は、意識にはまだ何の分別もない。心と物と一如になって、ただ全存在が「ゴツン」となっている。その後で柱にぶつかったことが意識され、なぜ柱にぶつかったかを疑った後、自分が前を向いて歩いていなかったからだと分別する。うっかりよそ見していたことへの後悔が生じるのは、さらにその後である。

われわれの意識は、いつ如何なる場合でも、物に対してこのように働いている。だから心が物と出会って、まだ一如になり三昧になっているところでは、われわれはいつも、全存在を尽くして真実になっている。まだ迷いも疑いも生じないで、真に安心して充実している。われわれがつねに、人生に真実を求めて止まないのは、だれもこの真実体験を経験してきた故である。心にまだ分別意識が始まらず、まだ何も思わないでいるあいだは、必ず物と一如になり三昧になって、身体も心も真実になってきたことを、よく知ってきたからである。

だからわれわれは、いつも、すでに経験して知っていることだけを確認しようとしている。まったく未経験なことを確認しようとは、決して思っていないのである。もし未経験のことに出会うことがあったとしても、それを確認するときは、必ず過去の経験知に照らして確認しようとする。

われわれが心の真実を確認したいときも、同様で、つねに過去の経験知に照らして確認しようとする。すでに真実を行じてきた経験があるからである。ただ意識上では真実を明確に捉えた気がしていない。だからいつも、新たな確認を求めて止まないでいる。

なぜ明確に捉えた気がしないでいるのか。前にも述べたが、物心一如になっているときの心は、意識上では直には確認できないことに、なかなか気づかないからである。また、心の真実はつねに新たにされていて、刹那も止まったことがないからである。捉えたと思ったときには、すでに新たに変化しているから、定まった姿形を見ることができないのである。

心と物とは、いつも一如になることで出会う。だが出会った刹那には、まだ心と物と二つに分かれていない。だから一如のときの心は確認のしようがない。それはちょうどわれわれの命と同じだった。命と身体とは、一如になっていることが真実の在りようである。だから命の姿を、形あるものとしては、ついに見ることも取り出すこともできないでいる。

心はつねに新たにされて、刹那にも過去に止まったことがないから、心より起こされる意識もまた、心に従って新たな意識を起こさせて止まないでいる。

われわれが意識上で、心や物の真実相を知ろうとすれば、どうしてもこの事実を免れることができない。分別意識上で捉えられたものは、もう真実相ではない。人間の意識上に捉え直された虚相である。個々の過去無量の経験知に照らされ、個々それぞれに異なった思いに色づけされた、虚仮（こけ）のものである。

われわれが意識上で真実を求めて止まないのは、分別意識で捉えたものは即座に虚仮にされたことを、内心にも即座に予感して、新たな真実相を確認しようと働くからである。われわれの思いがいつもコロコロ変わって、少しも定まった思いになれないのも、実はこの故である。

心だけではない。この世に現れている一切の事物も刻々に新たにされて、刹那にも過去に止まったことがない。無常とはこの事実をいった言葉である。万物はすべて、つねに最新の状態で現れている。過去に止まって古くなったままに在ることは、ついにない。

それが物の真実の在りようである。

しかしわれわれは本心では真実を願っていながら、実際にはいつも、古くなった虚仮の方ばかりを求めているように見える。なぜだろうか。真実を我が思い通りの姿で確認したいとの欲心があるからである。分別意識上で見たものは真実相ではない、虚仮相である。人工的に思念化された実体なきものである。それを何とかして、我が眼に見て、手につかまえて真実を確認したいと願う。それも我が思い通りに見て、思い通りの捉え方にしたいと欲する。むろんどんなに見ても、捉えても、虚仮であることには違いない。そのことは、見たとたん、捉えたとたんに気づかされているのである。だからそのたびに、新たな真実相を得ようと欲して、新たな把握を求めようとしてしまう。

結局、意識上で追いかけている限りは、ついに真実相は得られない。そのことは求めるたびに気づかされてきたから、いつか存在感が虚無に落ち込んでしまう。確かな拠り所となる心の真実を見失って、おのれの生きる意味まで見失っている。未来に夢を見ようとしても、その夢がまったく消えたように感じてしまうのである。

だからわれわれは、つい「夢がある」「夢がない」ということに拘わっている。未来に虹のような夢を見たいのが、われわれの思いのクセのようである。美しい物を見ては、自分の物にしたいと欲し、得られたときのことを夢見ている。美味しい物を味わえば、それがつねに味わえることを欲し、そうなったときを夢見る。快き音を聴いては、それがいつも聴かれる環境を欲し、そうなったときのことを夢見る。親は親の願う夢を見て、子供のよき未来を想い、子供は子供の願う夢を見て、おのれが社会でだれからも認められているような未来を想う。世の中に流行する歌を聴いても、夢を求める歌はたいへんに多い。しかしそんな風に、だれも彼もが夢ばかり追っていると、結局、現実を正しく受け止めてゆく心を見失い、我が人生を中途半端になして終わることに気づかない。その代わりに夢が叶わないときは、いつも他人が妨害しているかのように思って、恨みを抱くのである。

ただ今の即今に、心と外の事実と一如になっていることが、われわれが真実になっているときである。心と事実と一如になっていることの外に、余分な虚仮の思いを加えないでゆけば、心はつねに真実になっている。夢はあっても、なくても、まずは即今の事実と一如になって、心を尽くしてゆく。そこには、まだ現われていないような夢は加えないでゆく。それが我が心の拠り所を見失わない、一番の近道である。

夢見ることは生きる力を与えるように見えても、実際は心の新たにされる働きを虚仮にして終わる。夢見ることに溺れたままで終わることの方が多いからである。それよりも脚下に心の真実を見いだしてゆくことの方が、どれほど我を尊くするかは、はかり知れないのである。

時節因縁に自在に応じてゆく

公園にあるシーソーは、長い板の真ん中に軸があって、左方に重さをかけると右方が上がり、右方に重みをかければ、左方が上がる。左右のどちらか重い方はいつも下がり、軽い方は必ず上がる。もしシーソーの中心軸が固定されて動かなければ、どんなに重みをかけても動くことがない。シーソーがそんな風では、子供たちもシーソー遊びなどしないだろう。シーソーの中心軸に、一方に偏るような固定が何もない。重さに応じて左右に自在に動くことができるから、シーソー遊びを楽しむことができる。すなわちこの軸には、左右の重さに素直に応じて、刹那にも滞らない無辺の働きが具わっている。この働きを「自由」という。

われわれの人生にも、シーソーと同じ中心軸が具わっている。人生シーソーの中心軸は、「自由」と呼ばれ、「真実」と呼ばれ、また「空」と呼ばれてきた。シーソーの中心軸と同じで、つねに人生に出会うその時々の環境（縁）の変化に自在に対応して、刹那も偏（かたよ）ったことも止まったこともないからである。

この人生シーソーの名前は、あるときは「好き嫌い」である。あるときは「是と非」である。また「善と悪」である。われわれの思いは、つねにこのどちらか一方に傾いて意識される。好きが重いと嫌いが上がり、嫌いが重いと好きが上がる。「是非」「善悪」も同様である。しかしどんな傾きになっても、人生シーソーの中心軸は真に自由で、刹那も一方の価値に偏って止まるようなことがない。だからわれわれの意識も、ほんとうは一方だけに止まったことはないのである。もし一方に止まっていたように思うなら、自分が勝手に意識上で止まっているように錯覚して想っているだけである。

前にも述べたが、われわれの意識は、赤い花を見て青い花と意識することはない。緑の葉っぱを見て赤い葉っぱと意識することもない。もし赤い花を見て、それを採ってゆきたいと思うなら、花を見た後で、自分が勝手にそう思っている。緑の葉っぱを見て早く紅葉しないかと思うなら、葉っぱを見た後で、自分で勝手にそう思わせている。いっさいの事実は、われわれの思いとはまったく無縁のところで存在している。花はその時と場所に応じて咲き、葉っぱもその時々の時節と環境に応じて色づいてゆく。われわれの思いの方は、こうなって欲しいと思うが、事実はいつも思いの外なのである。

自由とはそういうことで、われわれの思い通りになることではない。その時々の時節や状況変化（時節因縁）に無心に応じて、刹那にも止まらないことである。

われわれ人間は、いつも自由を勘違いして、おのれの思い通りになることが自由だと思いたい。だから、我が思い通りにならぬことに出会うと、いつも苛ついたり怒ったりしている。しかし物の真実の在りようは、われわれの思い通りには決してならない。つねに時節因縁に応じて自在に変化して、物の変化するにしたがって、その結果も自在に変化してゆくばかりである。自分にとって今は善いことに見えても、時節が変ればいつか悪いことに変わっていたりする。反対に自分にとって悪いことに見えても、それがやがて善いことを呼び込んできたりもする。人生シーソーの中心軸の自在が、そうさせている。ここにも「非ずのこころ」の具体がある。どんな因縁時節にも、「非ず」をもって働いているこころなのである。

中国古代の古典『荘子（内篇）』に、こんな言葉がある。荘子は紀元前四世紀ごろの人である。

「沢の雉は十歩に一回啄み、百歩に一回飲むも、鳥籠のなかに養われるを期せず。精神は旺盛なりと雖も、善からざればなり」と。

沢に棲む雉は十歩あゆんでやっとわずかな餌にありつき、百歩あゆんでやっと少しの水を飲むことができるというような不便な生き方をしているが、それでいて人間に飼われて鳥籠のなかで養われるようなことだけは求めない。籠のなかにいれば餌は充分に与えられ、気力も盛んでおられようが、心から楽しめる善さはないからだという。

どんなに暮らしが貧しく不自由でも、人に頼って安穏に暮らすことだけは求めない。ただ食べられるときに食べ、飲めるときに飲む。食べられないときは食べない。飲めないときは飲まない。たとえ飢え死にするようなことになっても、自己の主体性だけは保ってゆきたい。生活の安心を他人にまかせて生きられるなら、楽でよいだろうが、心底から楽しんで生きることはできないからだと。

沢の雉が、実際にこんな生き方をしているのか否かは、知らない。だが人はだれも内心では、こんな雉と同じような生き方を願っているのではないだろうか。なぜ願っているのか。むろんわれわれが皆、初めから「大いなる心（自由自在なこころ）」を持って生まれてきた者だからである。

日々に食えないでは生きてゆかれない。妻子を養わねばならぬ責任もある。だから今は、会社で部長や課長の命令に従っている。本心は嫌だが、一応がまんして働いている。そんな人も多いと思う。ある人は「自分は鵜飼の鵜だ」と述懐していた。餌をどんなに採ってきても、すべて鵜飼に取られてしまう鵜のような人生だといったのである。だから荘子のいうような生き方をしてみたい思いは、内心のどこかにある。かって沢の雉のように自由に生きてきたことの記憶が、心の底に蓄積されているからだと思う。

生活は厳しく危険でも、生きるための、虚仮ではない実の智慧を身につけてきた。沢の雉が十歩に啄み百歩に水飲み、餌があれば食べ、無ければ食べないでいるのは、この知恵による。われわれがほんとうは自己の主体性を保ち、決して他の価値観に頼らないで生きたいと願うのも、そうする方が真実になることを、長い経験のなかで知ってきたからである。

沢の雉は、「非ずのこころ」で運命に対しているように見える。生にもとらわれず、死にもとらわれず、我が生という執着からも離れて、ただ時節因縁のままに運命のままに生きている。人間も太古の時代から、雉と同じような自由な生き方をして、深い智慧を身につけてきた。今は忘れているかも知れないが、心のどこかではだれも自由に生きることを願っている。太古の記憶が現代人のこころにも蓄えられていて、それが時に応じて呼び出されては、遠くから聞こえてくるからに違いない。

大円鏡智のこころ

大乗仏教は、ここで栄西禅師の言葉として紹介した「大いなる心」の在りようを、深き智慧（般若）の働きとして説いた教えである。われわれが存在の根底に、つねに般若の智慧が働いていると観てきたのである。その智慧について、さまざまに方便し、比喩（ひゆ）して説いたものが仏教経典である。そのなかでも「四智（しち）」の教えはよく要旨を尽くしたものだと思う。

「四智」は智慧の働きようを、四種に分けて説いたものである。すなわち大円鏡智（だいえんきょうち）、平等性智（びょうどうしょうち）、妙観察智（みょうかんさっち）、成所作智（じょうしょさち）の四つである。みな「大いなる心」の具体的な働きようを説いたものである。

「大円鏡智」は、鏡のようにいっさいの物を差別なく、あるがままに映し出してゆく智慧である。「平等性智」は、自他のすべてをつねに平等に存在させている智慧である。「妙観察智」は、いっさいは平等に存在しているが、それを具体的に現わすときは、つねに差別の相をもって現わしてゆく智慧である。「成所作智」は、あらゆる物を、つねに不足なく完成した物に成さしめてゆく智慧である。仏教は、これら四種の智慧が、だれの心にも不足なく具わってきたことを説いたものである。

私はここで、「非ずのこころ」の具体的な働きようを、「大円鏡智」をもって説いてみようと思う。この語は、鏡の働きようが、智慧の働きに似ていることから説かれたものである。「大円」とは、智慧の働きようが大いに円かであるとの意である。円かと聞くと、一般に知られる○(マル)の形を想うだろうが、何かの形を為しているような○ではない。禅者が悟りの境地を○で描いたりするのも、「大円鏡智」を意識してのものだが、姿形ある○のようなものを示そうとして描いたものではない。「大いなる心」の、中心はあっても周辺はどこにも無い無限の広大さを、とりあえず○でもって象徴させたのである。

われわれが存在するためには、必ず他の有縁無縁が無量にかかわっている。その有縁無縁の周辺がどこまで広大なのかは、だれも知り得ない。我という中心はあっても、我になるために関わってきた縁は無量で、果てしないからである。また、一般に知られる〇には、大小がある。しかしこの〇には大小がない。大小を超えて、いかなる姿形にも限定できないものだから、仮に「大円（無限大の円か）」ということにしたのである。

たとえば宇宙が広大なことは知っていても、その果てがどこまであるのか、人知（人の知性上）で計ることはできない。もし人知で宇宙の果てを計り得るなら、それはまた、われわれが知性上で計り得た境界内だけでの宇宙となる。知性上で計り得ない境界外の宇宙の果ては、ついに計り得ないのである。だから、人知で計り得ない境界外の宇宙も含めて、宇宙の全体相をいおうとすれば、ただ無限というほかにない。それで、宇宙全体の相を想うとき、われわれは何となく円かな相を想像してしまうのである。これはわれわれが、海の広大を見てきた経験知に拠って想像するからだと思う。船に乗って大海の真ん中に出れば、大海の周辺はただ円かにしか見えない。宇宙の果てを想うときも、この経験によって想うのであろう。

われわれが智慧の広大さを想うときも、同様の想いによって、周辺のない無限の広大さを想い、それを仮に「大円」といってみたのである。

「鏡智」とはどういう意味か。鏡と聞けば、やはり一般に知られる鏡の形を想像するだろう。だがほんとうは、そのような形をもった鏡ではない。ただわれわれの本来に具わってきた智慧の働きようが、見方によっては鏡の働きに似ているので、仮に「鏡智」といったものである。

一般に知られる鏡は、前にある物を相対的に映すものである。だから、鏡に映った姿は鏡上の影であっても、実際の物ではない。立体的な物を平面体に直して映した虚像である。眼には三次元の世界を映しているように見えても、実際に映っている物は二次元世界の像である。われわれはそれを、いつも意識上で三次元の像に軌道修正させて見ている。たとえば人が鏡に顔を映しているとき、その横に立って、鏡上の顔と実際の顔とを見比べてみればよい。鏡上の顔と実際の顔とが微妙に異なることを知るだろう。二次元世界に映された像は、決して三次元世界の実像ではないのである。

そのように鏡に映る像は虚像だが、われわれの「大いなる心」の鏡は、また少し異なる。前にある物を映すことでは同じだが、映した刹那に、映す我と映される物が一如にされるのである。映された物は我となり、我は映された物になっている。我はつねに物を受けることで「我に非ず」とされ、物になっている。物も我を受けて「物に非ず」とされ、我になっている。我も物も互いに相手によって「非ず」にされることで、正しく出会いの縁を結んでゆく。これが出会うことの、真実の在りようである。われわれは実に、この出会うことの真実を確認するために生きている。生きる意味といっても、このほかにないのである。

たとえば私がいま住んでいる無相庵は、霞ヶ浦の周りを囲む丘の上にある。だから散歩に出て東に向かうと、十分ほど歩いているうちに霞ヶ浦が見えてくる。木立に囲まれた小さな坂道を下ってゆくと、ある場所で突然に湖面が現れてくるのである。その刹那、私は霞ヶ浦とその周辺の景色だけになる。私自身が、霞ヶ浦の景色で「非ず」にされてしまう。私が霞ヶ浦の景色を見たと気づくのは、その後である。気づいて初めて、意識上で私と景色が二つに分かれたものになる。

われわれの心の鏡の映しようは、いつもこのようである。物を映すことで我自身が「非ず」にされ、我は在っても我という意識はなくなっている。正確には、物の方も私を受けることで物自身が「非ず」にされ、私になっている。我と世界とは、つねに即今のところではこのように出会っている。人と人との出会いも、物と物との出会いも、すべて同様である。互いが互いに「非ず」にされ合うことで、かえって個々を真実に在らしめているのである。

我が在るということは、我が存在が物によってまったく否定されてゆくことである。我は在っても、物を正しく受けていなければ、我として正しく存在することはできないでいる。

心も鏡と同じように物を映して、しかも映す主体者をどこにも現さないことで、心の真実性を明かしてゆく。だからこのような心の働きを、仏教は智慧の働きと見て、「大円鏡智」といったのである。


私は以前、山を切り拓いて建立された禅道場に住んでいた。そのとき、坐禅堂の前には銀杏の樹が植えられていた。ところが土地に滋味がない所為か、銀杏は十メートル以上には育たず、実もまったくならなかった。二十年も見てきたが、我が道場の銀杏はそんな種類なのだと思い込んでいた。ところが、縁あって現在の地に移ることになり、銀杏の樹も持ってきて移植した。すると十年のあいだに、二十メートルを超える巨大樹に育ったのである。枝先は天をつくように高く尖り、さらに高みに伸びてゆきそうに見える。それればかりか、四年前からは実も結ぶようになって、今年は数千粒の収穫を得た。

銀杏の樹に、土地に対する好き嫌いがあったわけではない。地に滋味なきときは滋味なきように育ち、滋味あるときは滋味あるように育ってきた。ただ周囲の環境を、おのれの存在を「非ず」になすことで、かえって余すことなく自己を尽してきただけである。無論、周囲の環境といっても、土壌の滋味だけに拠るものではないだろう。霞ヶ浦を見下ろす小山の上にある地は、平地と異なる温度や湿気の変化がある。そんな四季折々の気候変化を、長い年月のあいだ受けてきたことも、この地の滋味を作ってきた。

無相庵の周囲は栗林も多く、大きな栗がたくさん採れる。地元の人は、丹波栗よりも美味いと自慢する。庵の土地の養分も豊かなのである。銀杏も栗もこの地の長い歴史を、全身に集約して果実をなしてきた。自己を他に応じて「非ず」になす力が、この結実をなさしめている。われわれ人間が存在するところにも、同じ「非ず」にする力が働いているのは、むろんである。「非ず」にする力で、互いを無になして鏡のように映し合ってきた。「大円鏡智」「大いなる心」「非ずのこころ」の働きに拠るものである。

相対のなかの非ずのこころ

　私が以上に長々と述べてきたことは、とても難しい言い方に感じる人もあるかと思う。だが古来、智慧深き学者らによって説かれてきた思想、道理、哲学、宗教、科学等は、みなこの事実を明らかになさんとの欲求から、試みられてきたものである。無論、学者だけに限られた試みではない。学者のような難しいことなど一度も考えたこともない、日々をただ人並みに生きてきただけの人も、またみな「大いなる心」「非ずのこころ」を「大円鏡智」として働かせてきた者たちである。すなわち、かつてだれ一人として、このほかの心を働かせたことはないのである。

　その証拠には、だれも自己がここに在ることを、だれかに認められたくて仕方なくているではないか。もし自己が正しく認められないのなら、生きる意味も失ってきたのである。自分のことを間違って悪しく認められたい者は、だれもいない。自己が正しく誤りなく認められるとき、生きることに真実を感じて、喜んだり楽しんだりしてきたのである。なぜなのか。自己のことをわざわざ他人に認められなくとも、今まで生きてきたなかで真実から認められる経験を、たくさん蓄えてきた。そのことをいつも、心の深いところで予感しているからである。

学者はこの事実を、哲学的な道理のなかで確認しようとしてきた。学者でないわれわれも、日々の心の用い方のなかでこのことを確認しようとしてきた。ただ、認められる心を自己の内なる真実に問わないで、外の他人に訊こうとしてきたことだけが、われわれの大きな誤りだったと思う。

われわれがいったい、真実をどこで経験してきたかと問うだろうか。むろん、人生が思い通りにならないで、失敗したり騙されたりしてきた者は多い。彼らが「人生は苦だ」と思っても仕方のないことは、たくさんある。しかしまた、今日まで無事に生きてこられたことで、生きることに充実を感じてきた者も多い。日々を苦しみのなかで生きる者には、人生は不幸だが、日々に足りてきた者には、人生は幸福である。だから不幸に感じている者が、幸福な者を嘘偽りでごまかしているように批判したり、幸福に感じている者が、不幸な者を努力が足りないように批判するのは、大きな間違いである。幸福も不幸も人生シーソーの一方から見ての感じ方に過ぎないからである。本来具わってきた中心軸の自在な心から見直せば、とたんに真実の経験が想い出されてくるだろう。

私も以前、人はなぜ不幸に出会うのかと考えていたことがある。たとえば道を歩いていて事故に会い、大傷を負ったり死んだりするようなことはだれも望んでいない。それなのにどうして、人は時に事故に出会うような不幸を背負うのかと疑っていた。しかしあるとき、幸福と不幸を別々に見ることが誤りではないかと思うことがあった。もし不幸に言葉を語らせることができるなら、「いつも幸福な奴ばかり贔屓して、どうして不幸な俺を除けものにするのか」と文句を言うだろうと思ったのである。幸福と不幸は一対のもので、別々に見ること自体が誤りなのだ。そう気づいて、今までのノイローゼのような悶え苦しみから逃れることがあった。

現在の幸福を喜ぶ者には、必ず以前に不幸だった経験がある。今の不幸を嘆く者には、必ず以前に幸福の経験がある。過去に幸福の経験がなければ、今の不幸を嘆くこともないし、過去に不幸の経験がなければ、現在の幸福を喜ぶこともない。過去の経験と比べて現在の境遇を思うから、幸福に感じたり不幸に感じたりしている。

人生を見直してみると、不幸に耐えてきた経験が、かえって幸福を呼び込む原因になっていることがある。反対に幸福に甘えていたばかりに、むしろ不幸を呼び込んでしまうこともある。ならば幸不幸は、やはり一体のものなのである。それを別々に切り離して捉えようとするから、人生の真意まで見誤る。否、個々の人生ばかりか、ときには世界に対する見方まで誤らせることになる。

日本人には幸福なことでも、他国の人には不幸になることは山ほどある。戦争に負けた日本人は、戦争ほど悪いことはないと思っている。しかし以前、何人かのイスラエル人に会ったことがあるが、彼らは自国の平和を保つためには戦争をするしかないと思っていた。第一に、戦争がまったくない平和状態など想像ができないと言われたときには、驚かされた。生まれたときから戦争をしてきた国民だから、日本人の考えるような平和は考えられないのである。

また私は、チベットから日本に逃がれてきた僧侶たちとつき合っていたことがある。彼らはダライラマと一緒にヒマラヤ山中の過酷な道を越えて、インドに逃れた者たちであった。当時、西側諸国のマスコミ人はみなインド国境に並んで、チベット人がいかに苦難な逃避を強いられたかを報道した。だが日本のマスコミでは、一行も報道されなかった。中国がそんな悪逆非道を為すはずがないと信じていたからである。

チベット僧侶の一人は、多くの僧侶が中国兵らによって油炒りにされて殺されたと話した。大きな鍋に充たした油を沸騰させて、そのなかに放り込んで殺したのだという。しかし日本人にそのことを話しても、僧らが中国を陥れるために大嘘をついているのだと言って、だれも信じてくれないと嘆いていた。

結局、これが絶対の幸福というような定まった価値はないのである。人が思う善悪の概念は、その人がいま何を信じようとし、何を信じまいとしているかによって、みな異なってくる。われわれはこの事実をどれほど勘違いしてきたことかと思う。元来、人間の価値感に絶対の善もなければ、絶対の悪もない。ただそう信じたい人には、絶対の価値に見えているだけである。存在することの真意をもって我が生の根拠と為していないから、ただ認識上で思い込んでいるに過ぎない価値観を信じざるを得ないのである。だから根拠にしている価値観を他人に否定されると、我が人生まで否定されたように思って、怨んだり怒ったりしている。また虚無に落ち込んで、死にたくなったりしている。

バブル経済の頃、ある会社の社長が、「私はお金しか信じない。人は信じない」と話すのを聞いたことがある。バブルが崩壊した後、この会社はお金の価値が暴落して倒産し、社長は行方をくらましてしまった。私は社長が人に信用されていたら、逃げる必要もなかっただろうにと思った。世の中には信じられない人も多いが、人から信用されることは、商売する者には一番の大事である。社長は信じているお金には裏切られ、信じていない人からは、何の援助も得られなかったのである。

本来お金の価値は、相対的なものである。むかし一ドルが三六〇円のときなら、百ドルも三万六千円になった。今は一ドルが一一〇円前後だから、百ドルも一万円余の価値しかない。ある証券会社の社員に聞いた話だが、上司から毎日「一秒間に価値が変化するのだから、一瞬も油断するな」と怒鳴られていると言っていた。

ほんとうに信じられるものなら、状況次第でコロコロと価値が変わるようなものではないだろう。いつでもどこでもだれにあっても通用してゆく、不変の価値をもったものでなくてはならない。ここで長々と述べてきたことも、そんな不変の働きようをもった「非ずのこころ」についてである。もっとも不変といっても、一つの価値観に固定されたまま、何があっても変わらないというような意味ではない。どんな状況にも自在に応じて、つねに個々をあるがままに真実になしゆく働きが、不変だというのである。

「非ずのこころ」という、われわれの心自体に本来具わってきたところの、真実自在な働きようを、さまざまに説いてきた。順々に道理を尽くして真意を導いてゆくような説き方はしなかった。そんな風に上手に説く能力が、私にないからである。ただ人によってみな見方考え方は異ろうから、さまざまな状況を想定して、思いつくままに「非ずのこころ」の働きようを述べてきた。

私は一応禅者として、半世紀以上も坐禅のことに尽くしてきた者である。他のことはともかく、禅の悟り体験を私のように説いたものは、現代人では少ないように思う。もしだれの心にも、この「非ずのこころ」があることに気づけば、もう他人の評価に一喜一憂することはない。自己の主体性を見失うこともない。真に自由な心で生きてゆくことができる。そのことだけは信じている。こんな拙い文章でも、どれか一つでも読者の真性に共鳴されて、他に拠らなくとも自分の心を信じてゆくきっかけになればと、心から願っている。

あとがき

東京篠崎に「読書のすすめ」という書店がある。清水克衛店長が、「ベストセラー本は置かない、読んで好いと思った本しか取り扱わない」という志を以て運営している書店である。入ってみれば、一般の書店では決して売っていないような「難しそうな本」が、一杯に並べられている。「こんな本を買う人がいるのですか」と訊くと、「いる」と言う。どうも店長の志に賛同する隠れファンがたくさんいるようで、店長も「逆のものさし講」という講座を、日本各地で開催しては、ファンの期待に応えて走り回っておられる。なぜか、私の著書「禅と哲学のあいだ」（佼成出版社刊）も並べられたことがあり、その縁でお会いすることになった。以来私も、隔月で西田幾多郎の『善の研究』を講じることになった。

そんなある日、清水店長が、エイチエスという出版社から「非ず」ということで書ける人がいないかと相談されたので、あなたを推薦したという。内心、そんな題の本が売れるものだろうかと思ったが、店長は、「いま世界は、非二元という考え方が主流になっている」という。それは一元でもない二元でもない、どちらにも「非ず」の場で、存在の真意を新たに見直してゆこうとの意味だという。それならば、禅者としての我が分野である。因って、お受けすることにした。
ただ「非ず」の場は、見ることもつかむこともできない。考えるところに「我在り」と思ってきた者には、聴かされても、なかなか難しいと思う。私も苦心して、できるだけ分かりやすく説いたつもりだが、どうだろうか。

西田幾多郎著『善の研究』は哲学の書で、今から七十六年前に、日本が欧米の列強国と戦争をして大敗し、全土が焦土と化したとき、岩波書店から発行された。初刊は明治四四年（一九一一）で、戦後の昭和二三年（一九四八）に再刊されると、まだ何も物が無いような時代にもかかわらず、人々が長蛇の列をなして買い求めたという。「日本人とはいったい何者なのか」という根源の問いが求められたからである。初めての世界大戦に惨敗した日本人は、従来心の拠りどころとなしてきた日本文化が、大敗したように思った。だから哲学のなかに、日本人としての新たな心の拠り処（アイデンティティー）を見いだそうとしたのである。

西田哲学は、東洋的な心の在り方を、西洋哲学の手法で説こうとしたものである。しかし西洋哲学の手法は、まだ日本人に充分にこなしきれていない時代だった。日本人固有の感性に通用するには、もっと長い時間が必要だった。だから、すがる思いで取り上げた「善の研究」も、大半の日本人には、まったく意味不明の内容に思われた。以来、多数の哲学書が出版されたが、やはり同様な結果に終わってきた。

われわれはだれも、心の確かな拠り所がなくては、ほんとうには安心して生きられない者である。だから拠り所を哲学的な思考法に求めても、さっぱり分からない文章にぶつかってしまうと、とりあえず目先の経済的豊かさに拠り所を求めることになった。そうすることで、見失った心の不安を忘れようとしたのである。だが、いつのまにかそれが習性となり、経済的豊かささえ得れば、自己の安心まで得られるように錯覚する者が出てきた。心の確かな拠り所を見失うことは、危ういのである。物はすべて、いつか必ず消え去る。常住の物は一つもない。ついに消えることなき拠り処は、心の内に求められねばならない。その心を見失うなら、自己を失い、友人知人を失い、郷土を失い、国を失い、ついには世界まで失ってしまう。長い歴史の中で人類の興亡を省みれば、このことは明らかである。さればこそ、いつの時代にも、真実の哲学（心の確かな拠り所を見いだしてゆく学問）が求められてきた。

外国渡来のものを、時間をかけて日本人の感性にも通用するように変化させ、いつか選りすぐりの逸品に作り直して、世界に冠たる製品になしゆくのは、古来、われわれの習性である。外来の哲学的思考も、日本人固有の思考法に再構築されながら、いつか新たな哲学が打ち出されてゆくことだろうと思う。そのためには、まだ時間はかかりそうだが、この書は、そのための一つの試みのつもりである。

高度で深淵で、しかも素朴で、真実存在の真意に通徹した哲学が平易に語られる日の来ることを、未来の若き人々に期待しながら。

なお、最後になりましたが、この書が出来る御縁を作ってくださった「読書のすすめ」の清水克衛氏と出版までお世話くださったエイチエスの斉藤和則氏に、心より御礼を申し上げます。

略歴

形山睡峰　かたやま　すいほう

昭和２４年、岡山県柵原町(現美咲町)生れ。大学終了後、東京中野の高歩院住職・大森曹玄老師の下で出家得度。曹玄老師に嗣法の後、各所にて禅会を開催。昭和６３年、茨城県出島村(現かすみがうら市)に菩提禅堂が建立され、堂主に就任。平成１９年同市宍倉に無相庵を開創、今日に至る。

著書

『禅に問う』（大法輪閣刊）
『無心という生き方』（ベストブック刊）
『心が動く一日一話』（佼成出版社刊）
『禅と哲学のあいだ』（佼成出版社刊）他

ドクスメレーベル

食えなんだら食うな

著／関　大徹
定価／本体 1,800 円 + 税
ごま書房新社

青年の思索のために

著／下村湖人
定価／本体 1,500 円 + 税
ごま書房新社

最近「どんな本を読んだらいいのかわからない」という声を聞くようになりました。1995年開業以来、書店「読書のすすめ」（通称ドクスメ）では沢山の方に本をオススメし、多くの方にたいへん喜んでいただいています。その経験を活かし「ドクスメレーベル」をつくりました。このロゴを発見したら「この本はオススメですよ」というささやかな私どもの声だと認識していただけたら幸いです。

「読書のすすめ」店主　清水克衛

【非ずのこころ】

初刷 ―― 二〇二一年六月二五日
著者 ―― 形山睡峰
発行者 ―― 斉藤隆幸
発行所 ―― エイチエス株式会社　HS Co., LTD.
064-0822
札幌市中央区北2条西20丁目1・12佐々木ビル
phone : 011.792.7130　fax : 011.613.3700
e-mail : info@hs-prj.jp　URL : www.hs-prj.jp
印刷・製本 ―― モリモト印刷株式会社

ISBN978-4-910595-00-9